MW01135460

Elogios para
Quién te dijo que no podías

"Un recurso brillante".
—**John Maxwell, autor** *bestseller* **de** *The New York Times*

"Un libro pequeño y perspicaz. En muchos sentidos, la filosofía implícita en *Quén te dijo que no podías* refleja la trascendencia de la sabiduría a través de los tiempos".
—**Janis Foord Kirk, estrella de Toronto**

"Si tuviera que enumerar a los maestros y entrenadores que más han influido en mi vida, Dan Sullivan estaría de primero en mi lista. Su programa Strategic Coach, junto con sus libros y CDs han tenido un profundo impacto en mi forma de administrar tanto mi negocio como mi vida personal. Ahora, junto a Catherine Nomura, Dan nos presenta de manera clara y poderosa diez leyes universales que, si las aplicamos, nos pondrán en el camino acertado hacia el crecimiento, el cumplimiento y el éxito ilimitado. Esta es una lectura altamente recomendable".
—**Jack Canfield, coautor de la serie de libros,** *bestseller* **de** *The New York Times: Sopa de pollo para el alma*

"Una guía afable que nos ayuda a crecer y a experimentar ese amor y aprecio por la vida que nos habilita para vivir a plenitud. Muy recomendada para aquellos que buscan tener una mejor comprensión de sí mismos y que anhelan alcanzar éxitos y satisfacción personal".

—*Midwest Book Review, Wisconsin Bookwatch*

"Literalmente, una guía de campo sobre cómo crecer y transformar tu vida, tus relaciones, tu carrera y tus finanzas. Vale la pena tener este libro siempre a la mano".

—**Marie D. Jones,** *Curled Up with a Good Book*

"Una lectura rápida e interesante".

—**Harvey Schachter,** *The Globe and Mail*

"Este pequeño libro es excelente. Digo "pequeño" refiriéndome a su tamaño, ya que siendo de bolsillo es fácil llevarlo a todas partes, pero es "grande" en cuanto a su funcionalidad y al conocimiento que plasman sus autores a lo largo de estas páginas. Mantenlo contigo y disfrutarás de incontables oportunidades para sentarte tranquilamente y disfrutar de historias cautivadoras, llenas de esa sabiduría imperecedera que te guiará en la búsqueda de tu éxito personal. Transforma tu próximo vuelo retrasado en la mejor ocasión para disfrutar de una lectura entretenida".

—*The CEO Refresher*

"Es tan impactante, que te servirá para diseñar tu futuro al tiempo que te enfocas en tu presente".

—**Mike Sansone,** *ConverStations.com*

"Si estás atrapado en una encrucijada, ya sea en tu negocio, en una relación o en la vida, este libro de Dan Sullivan y Catherine Nomura es para ti".
—Midwest Book Review, California Bookwatch

"No hay nada en esta lectura que hable sobre temas como el crecimiento incremental de los ingresos, ni sobre las ventas generadas por los bancos de clientes ya existentes, pero este enfoque maravillosamente amplio y flexible les ayudará a los empresarios de todo tipo a crecer, incluso en formas que quizá ellos nunca hayan considerado".
—Mark Henricks, revista Entrepreneur

¡Me encantó este libro! Yo diría que es más que eso: es un mapa de ruta hacia una nueva y poderosa forma de pensar, muy fácil de implementar al instante".
—David Bach, autor bestseller de The Automatic Millionaire, #1 de The New York Times

QUIÉN TE DIJO QUE NO PODÍAS

QUIÉN TE DIJO QUE NO PODÍAS

Nunca pares de crecer

DAN SULLIVAN
CATHERINE NOMURA

TALLER DEL ÉXITO

Quién te dijo que no podías

Copyright © 2020 - Taller del Éxito - Dan Sullivan - Catherine Nomura

Versión original: The Laws of Lifetime Growth
Copyright © 2007, 2016 by Strategic Coach, Inc.
Strategic Coach®, Unique Ability®, The 4 C's Formula™, The Strategic
Coach® Program, The Strategic Coach® Signature Program, The 10x
Ambition Program™, and The Growth Focuser™ and The Laws of Lifetime
Growth® are trademarks, protected by copyright, and integral concepts of
The Strategic Coach, Inc. All rights reserved.
†Genius Network® is a registered trademark of Piranha Marketing, Inc. All
rights reserved.
††Protected Tomorrows® is a registered trademark of Protected
Tomorrows, Inc.

First published by Berrett-Koehler Publishers, Inc., San Francisco, CA, USA. All
Rights Reserved.

Traducción al español: Copyright © 2018 Taller del Éxito, Inc.
Reservados todos los derechos. Ninguna parte de esta publicación puede ser
reproducida, distribuida o transmitida por ninguna forma o medio, incluyendo:
fotocopiado, grabación o cualquier otro método electrónico o mecánico, sin la autorización previa por escrito del autor o editor, excepto en el caso de breves reseñas
utilizadas en críticas literarias y ciertos usos no comerciales dispuestos por la Ley
de Derechos de Autor.

Publicado por:
Taller del Éxito, Inc.
1669 N.W. 144 Terrace, Suite 210
Sunrise, Florida 33323
Estados Unidos
www.tallerdelexito.com

Editorial dedicada a la difusión de libros y audiolibros de desarrollo
y crecimiento personal, liderazgo y motivación.

Traducción y corrección de estilo: Nancy Camargo Cáceres
Diagramación: Joanna Blandon
Diseño de carátula: Milena Tamayo

ISBN: 9781607384878

Printed in Colombia
Impreso en Colombia
Impreso por: Editora Géminis S.A.S.

20 21 22 23 24 R|CK 06 05 04 03 02

Contenido

Prefacio 15
Introducción 19

LEY 1
Haz que tu futuro sea más grande
que tu pasado 25

LEY 2
Haz que tu aprendizaje sea siempre mayor
que tu experiencia 39

LEY 3
Haz que tu contribución sea siempre más
grande que tu recompensa 51

LEY 4
Haz que el rendimiento sea siempre mayor
que los aplausos 63

LEY 5
Haz que tu gratitud sea siempre
mayor que tu éxito 75

LEY 6

Haz que tu deleite sea siempre mayor
que tu esfuerzo 85

LEY 7

Haz que tu cooperación sea siempre mayor
que tu estatus 97

LEY 8

Haz que tu confianza sea siempre mayor
que tu comodidad 111

LEY 9

Haz que tu propósito sea siempre más importante
que el dinero 125

LEY 10

Haz que tus preguntas sean siempre más
importantes que tus respuestas 143

La Decisión de crecer 155

Herramienta: El medidor de Crecimiento 163

Agradecimientos 177

Sobre los autores:

Dan Sullivan 181

Catherine Nomura 182

Para Babs e Hilda

Prefacio

La mentalidad de crecimiento

Este es un libro muy breve sobre un tema muy amplio. La razón por la cual es tan corto y aun así tan efectivo es porque funciona en el plano de la mentalidad, donde los cambios ocurren en un instante, a la velocidad del pensamiento. Si alguna vez has tenido un momento de "ajá" que de ahí en adelante cambió tu forma de pensar, sabrás a lo que nos estamos refiriendo. Lo que hemos descubierto en nuestro trabajo es que el crecimiento es una función propia de nuestra mentalidad. Cambia tu forma de pensar y solo en momentos lograrás pasar de no crecer a crecer. Esta es la que definimos como la capacidad para hacer que tu futuro sea más grande que tu pasado.

La otra razón por la cual esta lectura es corta se debe al hecho de que ya antes has experimentado alguna clase de crecimiento. Todos tenemos muchas experiencias que aprovechar cuando de esto se trata. Y como ya lo hemos hecho antes, podemos hacerlo de nuevo y en distintas áreas; además, tenemos las habilidades necesarias para aprender a crecer de manera consciente y voluntaria, siempre y cuando tengamos el estado de ánimo adecuado.

Hoy, incluso más que en 2006, cuando salió este libro al mercado, tener una mentalidad de crecimiento no es solo una ventaja extraordinaria; a menudo, también es la diferencia entre luchar y prosperar. El mundo está cambiando más rápido que nunca y este hecho nos ofrece una gran cantidad de desafíos, así como infinidad de oportunidades. Algunos optan por cerrarse frente a las incertidumbres y el cambio, mientras que otros florecen ante la variedad de posibilidades para crecer. La diferencia es la mentalidad. Si estás buscando toda clase de oportunidades para seguir creciendo, que te lleven a obtener grandes recompensas, este es un gran momento, pero debes pensar de tal manera que puedas ver y maximizar las oportunidades que se encuentran a tu alrededor. Las leyes del crecimiento constante te ayudarán a aprovechar todo lo interesante que se te presente en el camino. Te guiarán hasta encontrar tu propia ruta de crecimiento que, de no comprenderla, parecerá un mar de oportunidades abrumador. Tú, simplemente, mantente enfocado en crecer día a día, semana tras semana, avanzando paso a paso hacia un futuro más prometedor e infinitamente fascinador y motivante, que es todo tuyo.

Te preguntarás de dónde vienen estas leyes y cómo hacer para definir una mentalidad de crecimiento en solo diez breves afirmaciones. La respuesta radica en la incomparable perspectiva que obtuvimos de nuestro trabajo en el mundo de los emprendedores altamente exitosos y orientados hacia el cumplimiento de los logros. Aunque provienen de diferentes orígenes, de diversas partes del mundo y con objetivos igualmente diversos, este tipo de empresarios posee una cualidad en común de la que ya ellos daban muestra desde mucho antes de que los conociéramos: el deseo de crecer que los impulsa a niveles inusuales de efectividad en el cumplimiento de sus logros. Sin embargo, muchos de ellos se quedan atrapados en su propio éxito, más que todo, por la complejidad que este genera en sus vidas. Pero además, ellos, como todos nosotros, también viven en un mundo caracterizado por cambios que son cada vez más rápidos e impredecibles. Por lo tanto, si bien ya "lo lograron", según las definiciones de éxito de la mayoría de las personas, su deseo es seguir creciendo, no solo en los negocios, sino a nivel de independencia y crecimiento. Es por eso que vienen a nosotros.

Cada herramienta y concepto creados en Strategic Coach provienen de principios fundamentales. Dan tiene el talento único de observar a las personas y detectar en ellas cuáles son los obstáculos que están obstruyendo su crecimiento (incluido el suyo) y para centrarse en encontrar la causa que les ha generado ese tipo de mentalidad. Luego, les hace preguntas, les proporciona un nuevo contexto y de esa manera desarrolla herramientas y estructuras simples y poderosas para ayudarles a analizar su estilo de pensamiento y a transformarlo. Las leyes y muchos de los consejos de entrenamiento que encontrarás a lo largo de esta lectura son el producto de ese proceso y se aplican a toda clase de personas y profesiones, y no solo a los empresarios. Cualquiera tiene la capacidad de usar la sabiduría de este libro en cualquier etapa de la vida. Observa en cualquier lugar, en cualquier cultura, en cualquier situación, a personas de cualquier edad, y notarás que donde hay crecimiento, estas leyes están en acción.

Como ejemplo, te diré que, a diario, nosotros también vivimos este proceso al interior de la cultura de nuestra compañía, con nuestro equipo de aproximadamente 120 personas, repartidas en dos continentes. "Siempre estarás creciendo" es nuestra propia forma abreviada de nuestra más amplia declaración de propósito (que encontrarás al final de la Ley #9). A través de su liderazgo, Babs Smith, la esposa y socia comercial de Dan, apoya a todo el equipo de Strategic Coach a lograr tal propósito.

Aunque los cambios en la forma de pensar suelen suceder de manera muy rápida, la capacidad de mantener una mentalidad de crecimiento, incluso en las circunstancias más desafiantes, viene con la práctica y la conciencia. Es por eso que la estructura simple de las leyes es vital para ayudarte a conservar ese tipo de mentalidad todo el tiempo. Una vez que leas los capítulos, te será útil echarle un vistazo a la Tabla de Contenidos, donde se enumeran las 10 leyes; ese simple repaso será suficiente para mantenerte en el camino correcto o para ayudarte a encontrar el camino de regreso si te sientes atrapado o necesita tomar impulso. En esta edición, hemos agregado más orientación al final de los capítulos. Además, al final del libro encontrarás una nueva herramienta de pensamiento conocida como "el medidor de crecimiento", la cual te ayudará a cultivar tu mentalidad de crecimiento de maneras aún más proactivas.

Introducción

El deseo de crecimiento

El crecimiento es un deseo fundamental, propio del ser humano. No importa en qué tipo de metas estés trabajando, ni para qué te estés esforzando, lo que sea que quieras ver en tu vida que no hayas realizado hasta ahora es un signo de este deseo. El crecimiento está en la raíz de todo lo que te da una sensación de logro, satisfacción, significado y progreso. Es el elemento que hace que tu futuro sea más grande que tu pasado.

Sin embargo, la gente a veces deja de crecer. Todos tenemos imágenes que recordar. Las películas y la literatura están llenas de ellas, lo mismo que la vida real. ¿Has estado en una reunión con tus compañeros de estudios últimamente? Algunos no han cambiado mucho en los últimos 10, 15 o 20 años. Dependiendo de cómo se encuentren, este puede ser un hecho reconfortante o impactante. Por ejemplo, quizás estés familiarizado con el prototipo del jubilado que está volviendo loca a su esposa porque de repente no sabe qué hacer consigo mismo; o conoces el caso del adicto cuya vida se ha centrado exclusivamente en hacer lo que sea necesario para obtener su próxima dosis; o el del hombre que todavía trata a las mujeres de la misma manera que hace 40 años y todavía no entiende por qué razón ellas no le responden de la misma manera que en aquel tiempo; o a diario ves a esas personas cuyas vidas consisten en ir día tras día a desempeñar una labor que no les depara ningún futuro y, sin embargo, van y vuelven de ese trabajo a la casa, comen, miran televisión, duermen y al siguiente día, otra vez la misma rutina sin cambiar un solo paso.

El hecho es que encontramos multitud de ejemplos a nuestro alrededor de personas que, por alguna razón, dejaron de crecer, ya sea temporal o indefinidamente. Si tú elegiste este libro, es muy probable que no quieras ser una de ellas. Tal vez, te sientes un poco atrapado. Tal vez, te encuentras en medio de un período de crecimiento particularmente desafiante, motivo por el cual estás buscando algún tipo de información, aliento o dirección; o tal vez, solo deseas obtener todos los recursos posibles a medida que avanzas en tu propio camino de crecimiento. La mayoría de nosotros lucha con problemas relacionados con el crecimiento en varios momentos de la vida, porque, a menudo, por mucho que lo deseemos, vivir en constante crecimiento no es nada fácil. Los emprendedores con quienes trabajamos en Strategic Coach son algunos de los soñadores más exitosos e internamente motivados del planeta y, sin embargo, ellos también enfrentan tantos desafíos en cuanto a su crecimiento como cualquier otra persona.

En un mundo en el que la tecnología continúa acelerando el cambio de forma exponencial, la capacidad de seguir creciendo se ha convertido en una necesidad básica para cualquiera que desee prosperar a cada instante. La buena noticia es que aquellos que dominan dicha habilidad tienen acceso a una abundancia sin precedentes de toda clase de conocimientos. El camino hacia lograrlo radica en cultivar una mentalidad de crecimiento para que, más a menudo y de manera natural, elijamos cultivar esa mentalidad, aprovechando las incontables oportunidades para crecer que la vida nos presenta a diario.

Las diez leyes propuestas en este libro son como espejos que podrás usar para reflejar tu comportamiento, de modo que logres ver si estás aumentando o desmejorando tus crecimientos. Úsalas como lo harías con un espejo en el pasillo cuando sales por la puerta: haces una comprobación rápida para asegurarte de que estás bien y, si fuera necesario, te arreglas y continúas tu camino. O te detienes un poco más de tiempo para observar con más detenimiento y detectar esas áreas que podrían requerir de más trabajo y así empezar a mejorarlas. Las 10 leyes que te presentamos son útiles para este propósito porque, con frecuencia, resulta muy subjetivo evaluar si estás o no en el camino correcto basándote única y exclusivamente en cómo te sientes. De vez en cuando, todos tenemos la necesidad de sacarle provecho a un "reinicio mental" (como lo llama uno de los miembros de nuestro equipo) cuando se trata de crecimiento.

La profesora de Harvard, Rosabeth Moss Kanter, ha acertado en observar que "durante el proceso, todo parece un fracaso". A veces, los dolores del crecimiento tienden a parecer un fracaso –y a veces, el fracaso es parte del crecimiento. Los emprendedores exitosos lo saben muy bien. La mayoría de ellos fracasa antes de tener éxito. Dan se refiere a su experiencia de ir a la quiebra y divorciarse en un solo día en agosto de 1978 como a un momento de "investigación de mercadeo". Eso no significa que estos eventos se sintieran como fracasos en ese momento, sino que las lecciones que él sacó de ellos fueron esenciales para construir la creciente compañía multimillonaria que él y su actual compañera de vida, Babs Smith, administran hoy.

Revisar las leyes te ayudará a mantener el rumbo o a renovar tu compromiso cuando crecer te resulte un tanto difícil. En muchos de los ejemplos de este libro, las situaciones desafiantes o quizá menos que ideales les ofrecieron a sus protagonistas oportunidades inmejorables para alcanzar circunstancias mucho mejores. Es decir que, en circunstancias conflictivas, estas 10 leyes te servirán para extraer el máximo valor de experiencias que, de otra forma, intentarías evitar u olvidar.

También es muy provechoso revisar cuál es tu actitud frente a las leyes cuando las cosas van bien. Obtener lo que quieres o lograr tus metas te hará sentir bien, pero no necesariamente te mantendrá en el camino hacia un mayor crecimiento. De hecho, a menudo, te conducirá a trampas que evitarán tu crecimiento.

Resultados como el dinero, los aplausos, las recompensas, la comodidad e incluso un pasado brillante tienden a ser muy seductores. Y si estos comienzan a eclipsar tu propósito, tu desempeño, tu deseo de contribución, tu confianza y tus ganas de un futuro mejor, —aspectos que impulsan tu crecimiento—, esas pequeñas o grandes glorias terminarán socavando a gran velocidad tu capacidad de seguir creciendo en el futuro.

Estas 10 leyes provienen de nuestras observaciones de aquello que hace que el crecimiento suceda. Si la palabra *ley* te hace sentir incómodo, intenta pensar en este mensaje que leímos en una camiseta que le vimos hace no mucho a alguien en el vecindario: tenía la imagen de un policía con su mano arriba y un mensaje que decía: "¡Obedézcale a la gravedad! Es la ley". Por supuesto, las leyes naturales operan ya sea que las obedezcas o no. Si ignoras la gravedad y saltas desde un tejado, no será un "policía antigravedad" el que te atrape. Del mismo modo, ningún "policía en pro del crecimiento" vendrá detrás de ti si no sigues estas 10 leyes. Sencillamente, tú mismo descubrirás que no estás creciendo tanto como deseas.

Es posible que quieras adoptar cada ley como el condicional que sigue a la frase "Continuarás creciendo si...". Por ejemplo, continuarás creciendo si siempre haces que tu futuro sea más grande que tu pasado. Así es como funciona la vida. Puedes confiar en eso. Al comprender estas leyes, te mantendrás en crecimiento de una manera más consciente y predecible, así como las leyes científicas nos ayudan a predecir los resultados de las acciones en el mundo físico.

Alinear tu comportamiento con estas leyes te dará más control sobre tu futuro, hecho que te permitirá aumentar tu libertad y autodeterminación. Además, pone la responsabilidad de tu crecimiento directamente sobre tus hombros. En ti está la capacidad para elegir comprometerte con la vida de esta manera o no. Recuerda que el crecimiento constante no siempre es fácil, pero sus recompensas son excelentes. La vida nos ofrece oportunidades para crecer casi a cada instante; de modo que, cuando haces del crecimiento tu objetivo central, tu vida siempre parecerá estar llena de nuevas oportunidades.

A medida que te vuelves más orientado hacia una conducta y un modo de pensamiento enfocados en crecer, y cuando comienzas a experimentar cómo esta actitud impacta tu vida y la de los demás, te será cada vez más claro y evidente que las recompensas de mantener una mentalidad de crecimiento superan en gran medida los desafíos que implica el hecho de crecer. El deseo de crecer es nada menos que el amor a la existencia: una pasión por estar aquí y un profundo anhelo de explorar la vida por completo. Cuando te comprometes a alinear tus acciones con los principios integrados en estas 10 leyes, también te comprometes a aprovechar al máximo la vida que se te ha otorgado. Y después de todo ¿qué mayor regalo podrías darte a ti mismo o darle al mundo que una existencia bien aprovechada?

LEY

Haz que tu futuro sea siempre más grande que tu pasado

Un futuro más grande es esencial para el crecimiento de la vida. El pasado es útil porque es rico en experiencias valiosas que vale la pena analizar de diversas maneras, con el fin de convertirlas en la materia prima para planear un futuro mucho mejor. Acércate a tu pasado con esta actitud y tendrás el deseo insaciable de experiencias mejores y más agradables. Úsalo para estar siempre en función de lograr un futuro más provechoso y abundante. Verás que tu deseo será separarte de situaciones, relaciones y actividades que intenten mantenerte atrapado en etapas que ya quedaron atrás.

Tu futuro es tu propiedad. Porque, por definición, aún no ha sucedido, solo existe en tu mente. Esto significa que eres libre para elegir y hacer lo que quieras. El hecho de querer que tu futuro sea mejor que tu pasado es, en sí mismo, un acto de crecimiento: tu visión debe encaminarse hacia un futuro más grande y el crecimiento será el elemento que convertirá esa visión en una meta real. Uno futuro mejor es tu propia visión de lo que te gustaría convertir en realidad en algún momento (ya sea dentro de una semana o 25 años). En tu opinión, tu futuro es más grande, mejor, más satisfactorio o más agradable que lo que vives ahora. Incluye todo lo que ves que, de alguna manera, mejorará tu realidad actual: mayor aprendizaje, contribución, oportunidades, desarrollo de capacidades, comprensión, confianza, calidad de vida, compasión o conectividad. La lista sigue y sigue, y está limitada solo por lo que puedas o no imaginar. El futuro más grande de algunas personas está basado principalmente en sí mismas, mientras que hay quienes incluyen en su visión de futuro contribuciones hacia muchas otras personas y cosas.

Creyendo en un futuro más grande

Pensar en un futuro que sea más grande que tu pasado es, en esencia, un acto de imaginación. Esto significa que debes estar dispuesto a dejarla volar. Sin embargo, por infinidad de razones, muchos a menudo no lo hacen y prefieren imaginar que la vida se mantendrá igual que hasta el momento o que progresarán de forma predecible en función de lo que otros en su familia o en su comunidad hayan hecho. Algunos incluso desean que la vida vuelva a ser como en algún punto de oro en el pasado aunque sepan que eso no es posible en este mundo tan cambiante y veloz. De cualquier manera, su propia historia termina dictándoles su visión del futuro. Por esta razón, para hacer que tu futuro sea más importante que tu pasado, primero debes creer que es posible desearlo y obtenerlo sin importar en qué etapa de la vida estés, ni cuáles sean tus circunstancias. Con frecuencia, este anhelo por sí solo es suficiente para seguir creciendo. Y también con frecuencia, se requiere una gran cantidad de coraje para lograrlo.

El coraje de pensar en grande

Tomemos el caso de Hilda, la madre de Catherine. Hilda creció en una familia muy pobre; ella era la tercera más joven de ocho hijos. De hecho, su familia era tan pobre, que sus padres no podían mantener a sus hijos mientras terminaban la escuela una vez que alcanzaban la edad legal para trabajar. Todos los hermanos y hermanas mayores de Hilda dejaron la escuela a los 16 años y tomaron cualquier trabajo que les ayudara a sostenerse. En la década de 1950, las perspectivas de un futuro digno para una niña de 16 años sin un diploma de escuela secundaria, sobre todo proviniendo de esa pobreza, eran sombrías. Sin embargo, Hilda fue una buena estudiante y, por fortuna, bastante testaruda. Tenía una pasión ardiente por convertirse en maestra, pero para lograrlo tendría que completar su educación; esa era una meta muy elevada para ella, teniendo en cuenta sus circunstancias. Entonces Hilda tomó una decisión valiente: decidió irse de casa y surgir por su cuenta con el apoyo de becas que algunos profesores la ayudaron a ganar. A los 16 años, su fe en sí misma y en un futuro más grande fue tan fuerte como para dejar el hogar de su familia para siempre e irse a vivir a YWCA. Fue así como terminó su escuela secundaria y luego sus estudios universitarios hasta convertirse en maestra. Hilda enseñó durante más de 30 años.

El mundo está lleno de historias de gente que, como Hilda, creció sin muchos recursos, ni estímulos, pero que, aun así, creyó que era posible un futuro más grande. Muchos solemos preguntarnos por qué hay quienes parecen elevarse por encima de circunstancias aplastantes y en medio de comienzos muy modestos, mientras que otros se dejan engullir por las dificultades. Si miramos de cerca, la respuesta casi siempre radica en cómo las personas usan su pasado.

Cada pasado es rico en materia prima. Joe Polish es un emprendedor exitoso. Además, es un entusiasta que sigue alcanzando metas cada vez más grandes en sus negocios; le encanta ayudar a más y más personas a lo largo del camino. Es considerado por muchos como un vendedor incomparable y como un entrevistador brillante. Joe posee una gran facilidad y un incomparable sentido de diversión para entrevistar a gigantes del mundo empresarial y del marketing en su serie Genius Network[†] y en varios podcasts; constantemente, atrae a los mejores empresarios a cada grupo de entrenamiento y evento que dirige. Tiene un talento único para conectarse con ellos, romper el hielo y lograr que se abran al tomarlos desprevenidos con su alocado sentido del humor y con su personalidad tan realista y con los pies sobre la tierra.

Lo que mucha gente no se da cuenta acerca de Joe (aunque él no lo oculta) es que el punto de retorno que lo condujo a esta vida de contribución y éxito empresarial llegó a él hace décadas, cuando se dio cuenta en un momento particularmente alocado que, si no se salía de las circunstancias que lo rodeaban, moriría. En otras palabras, en un momento muy crítico de su vida, Joe eligió un futuro más grande a pesar de que su sobrevivencia estaba en juego. Luchando contra la adicción, producto de ser un joven problemático, dejó la casa que compartía con otros adictos para irse a vivir con su padre a otra ciudad, donde comenzó a cambiar su vida. Años de lidiar con el dolor por la muerte de su madre cuando tenía cuatro años, así como acoso, abuso sexual y mudarse de un lugar a otro lo dejaron aislado, solitario y luchando por adaptarse siendo un adolescente, hasta que descubrió un escape falso a través de las drogas y de un comportamiento cada vez más rebelde y fuera de control.

Sin embargo, incluso mientras usaba drogas, también leía muchos libros de sicología. Le fascinaba entender el comportamiento humano. Al igual que muchos niños que tratan de protegerse de personas impredecibles y amenazantes, y de circunstancias dolorosas, Joe se estaba forjando un carácter increíblemente empático. También estaba aprendiendo que no estaba hecho para hacerles daño a los demás. Lo que él en verdad quería era ayudarles. La cuestión es que todavía no sabía cómo. A una edad muy temprana, Joe ya había tenido muchas experiencias intensas y un montón de pasado que, con mucho esfuerzo, se convertiría en la base de un futuro único y, en última instancia, muy gratificante.

Después de mudarse a un remolque con su padre, Joe consiguió un trabajo en ventas y descubrió que era muy bueno en ese campo. Pronto, un amigo lo animó a probar el negocio de la limpieza de alfombras. Decidió leer libros sobre marketing que él describe como "pura sicología aplicada" y siguió profundizando en su comprensión del comportamiento humano. En seis meses, logro llevar sus ventas de $2.100 a $12.300 dólares por mes. Fue entonces cuando comenzó a enseñarles a otros limpiadores de alfombras sobre las técnicas de mercadeo que él mismo estaba perfeccionando y su carrera como comercializador y consultor comenzó a despegar.

Un día, terminó uniéndose a un grupo de alto perfil con mucha gente famosa y vio que algunos de los líderes mundiales (multimillonarios, ganadores del Premio de la Academia, atletas famosos y políticos) estaban muy divididos. Se dio cuenta de que, aunque el mundo los admiraba, ellos solo eran personas dolorosamente solitarias, no muy diferentes a la gente quebrantada por las circunstancias que él conoció en su pasado. Lo mismo ocurría con muchos de los principales empresarios: "Muchos de ellos son adictos al trabajo. Sin embargo, esta 'adicción' es respetable".

El rumbo que tomó la vida de Joe le ha ido dando una perspectiva sobre este dolor que muy pocos saben identificar. Su propio pasado doloroso y ser testigo del sufrimiento de los demás se convirtió en la materia prima de su deseo de conectar personas reales con oportunidades igual de reales que él ha sabido canalizar y transformar en posibilidades de negocios. En la actualidad, su futuro más grande implica varios proyectos nuevos que se basan en la combinación única de sus habilidades, recursos, conocimientos, relaciones y compasión, todos ganados con esfuerzo para ayudar a los empresarios y a adictos a mejorar su vida y a reducir su sufrimiento. Su esperanza, cualidad con la que fue bendecido desde la infancia, lo ayudó a ver siempre un futuro más grande, incluso en medio de toda la locura que vivía. Fue así como aprendió que debía actuar para avanzar, primero, hacia su propia supervivencia; luego, se capacitó y adquirió conocimientos; y luego, decidió aumentar sus capacidades para ejercer una buena influencia y un impacto positivo en otros.

Los pequeños pasos también te mantienen en crecimiento

Así que hemos visto cómo, durante nuestra juventud, todos tenemos la capacidad intrínseca de elegir un futuro más grande y alterar en forma dramática y positiva la trayectoria de nuestra vida. Pero, ¿qué pasa si ya somos mayores o si no gozamos de buena salud y cargamos con muchos recuerdos y experiencias maravillosas a nuestras espaldas, pero tal vez solo nos quedan unos pocos años? ¿Cómo hacer que nuestro futuro sea más grande que nuestro pasado en ese caso? Aumentando tu conocimiento. Incluso si sospechas que solo te quedan meses, semanas o días, después de haber tenido una vida plena, aun así eres capaz de hacer que tu futuro sea más grande que tu pasado. El crecimiento que obtengas puede ser tan simple como el simple hecho de hacer un esfuerzo por aprender cosas que aumenten tu perspectiva del mundo; además, procura usar el tiempo que te resta para hacer algún tipo de contribución.

En los últimos años de su vida, Antonio Pijuan era un espabilado español de 98 años, que vivía a las afueras de Toronto y que todavía tenía opiniones propias y firmes, así como un gran aprecio por las mujeres bonitas. Al principio de su vida, fue agricultor en Cataluña. Experimentó de primera mano la Guerra Civil Española y dos guerras mundiales. Antonio se mantuvo intensamente curioso sobre el mundo a pesar de haber vivido casi un siglo de Historia. Debido a que ya no era tan ágil como solía ser, la televisión se había convertido en su ventana hacia muchas de las cosas nuevas e interesantes del mundo. Después de ver una función en Bata Shoe Museum, en Toronto, le pidió a su nieta Lisa que lo llevara a conocerlo. ¡No podía creer que hubiera tantos zapatos en un edificio! Al final del día, le dijo en español a su nieta: "Gracias. Aprendí mucho hoy".

Este es un ejemplo de cómo un futuro más grande no tiene que ser grandioso, ni llamativo. No tiene que implicar grandes saltos hacia adelante. La mayoría del crecimiento ocurre como resultado de muchos pequeños pasos. La clave es seguir dándolos.

Aprovecha al máximo el futuro que tienes

A veces, el futuro de muchos se ve truncado por eventos que van más allá de su control. Pero un futuro más grande no tiene nada que ver con cuánto tiempo de vida te queda; más bien, es cuestión de lo que haces con cada segundo de tu vida presente. Y para ejemplificar esta afirmación, retomemos la historia de Hilda.

Hilda amaba la enseñanza y el aprendizaje con todo su corazón. Ambos eran intrínsecos a su esencia. Ella sabía que estaba haciendo una contribución a la vida de sus estudiantes, y el éxito que ellos alcanzaron, junto con el aprecio que le brindaron, fueron sus mayores recompensas. A menudo, le parecía que ella aprendía tanto de ellos como ellos de ella. Una vez, después de desaparecer en un pueblo de la tribu de la colina en una caminata en Tailandia, se encontraba sentada a la puerta de su cabaña rodeada de todos los niños de la localidad. Ellos le estaban enseñando sus palabras en el idioma Lahu y ella les estaba enseñando palabras en inglés. Todos reían a carcajadas incluida ella.

A los 59 años, Hilda fue diagnosticada con una forma rara y poco combatible de cáncer. Para cuando se le encontró el tumor, solo le quedaban unos meses de vida. A los pocos minutos de recibir esa noticia, Hilda tomó la decisión de convertir su tiempo restante en la etapa de contribución, enseñanza y aprendizaje más significativa de su vida. Resolvió manejar su situación con toda la gentileza que pudo reunir y quiso darles a los demás un ejemplo de cómo lidiar con la muerte de una manera digna, consciente y reflexiva. Su primer alumno en esta intención final fue un joven médico que le dio todo el ánimo del mundo diciéndole la noche anterior a su diagnóstico oficial que ella no tenía cáncer. Suave, pero claramente, ella le explicó cómo el estar desinformada la afectó tanto a ella como a su familia y a sus amigos. Esa fue una lección que, con toda seguridad, él nunca olvidará.

Hilda inspiró a muchas personas durante los siguientes meses con su actitud y coraje. Morir es un tema difícil sobre el cual educar a la gente porque la mayoría de nosotros, los seres humanos, no quiere enfrentarlo. De alguna manera, ella logró equilibrar la esperanza con el pragmatismo; decidió no darse por vencida, ni negarlo, sino hablar al respecto siendo realista y mostrándose serena sobre su futuro y lo que le sucedería.

Cuando Hilda murió, cinco meses después, la funeraria tuvo que abrir un ala adicional para acomodar a todos los visitantes. Más de 300 dolientes fueron a presentarle sus respetos y a celebrar lo que su vida significó para todos y cada uno de ellos. Hilda vivió con gran valentía, comenzando con su gran decisión de abandonar su hogar a los 16 años. Sin embargo, murió con mucha más valentía habiendo decidido aprovechar todas las oportunidades de crecimiento que se le presentaran durante sus últimos meses de vida, a pesar de que, en muchos aspectos, su condición física se vio severamente disminuida por la enfermedad.

Así que no importa cuáles sean tus circunstancias, siempre es posible hacer que tu futuro sea más grande que tu pasado. Usa lo que has aprendido y hecho como base para cumplir propósitos más grandes: para hacer preguntas más grandes, contribuciones más grandes, para obtener logros más grandes y aprendizajes más grandes.

Las próximas nueve leyes profundizarán tu comprensión de cómo hacer lo mejor con tu pasado en beneficio de tu futuro. Permite que lo que sabes te dirija hacia la inmensidad de todo lo que aún tienes por descubrir. Verás que te mantendrás creciendo hasta los últimos días de tu vida.

¿Dónde empiezo?

→ *Fíjate metas*

Elegir y realizar tus propias metas te saca automáticamente del pasado y te ayuda a planear un futuro más grande. Si tienes problemas para lograr objetivos significativos, una buena forma de comenzar a identificarlos es anotando entre cinco y diez de tus logros del año pasado y luego pensar en lo que representaría un logro adicional en cada una de esas áreas. Si construir sobre lo que has logrado en los últimos tiempos no te entusiasma, identifica qué es lo que más te gustaría hacer y que te da energía (retrocede tanto como sea necesario) y pregúntate: "¿Cómo hago para lograr más de eso?".

→ *Analiza con mucho cuidado*

En Strategic Coach nos gusta trabajar con marcos de tiempo de 25 años cuando pensamos en objetivos de gran importancia. Planear tu futuro es, después de todo, un ejercicio mental. Por lo tanto, toma el marco de tiempo que quieras. Nos gusta planear 25 años porque ofrecen la libertad de imaginar cambios grandes y significativos. Contrario a lo que parece, comprometerse a hacer algo grandioso durante más de 25 años no es desalentador debido a que tienes todo ese tiempo para irlo logrando. Además, si vas a estar trabajando es esa causa durante 25 años, si de verdad quieres cumplir un plan específico, necesitas analizar, pensar y repensar con cuidado en qué es en lo que te estás comprometiendo. Si tuvieras 25 años para desarrollar una nueva capacidad, ¿cuál sería? Si fueras a construir algo extraordinario, ¿qué harías ahora mismo para empezar?

→ *Haz algo con las leyes #2 y #10.*

La Ley #1 es en sí misma la definición de crecimiento. Piensa en esta como la ley maestra sobre la cual recaen todas las otras leyes, ayudándote a hacer que tu futuro sea más importante que tu pasado de maneras más específicas. Si tienes problemas con el panorama general, sigue leyendo y busca algo en las leyes posteriores que te resuene más. Y si ya has leído todo el libro, el ejercicio al final te ayudará a encontrar una ley en la que te gustaría enfocarte.

Otro truco es observar con detenimiento la Tabla de Contenidos. Allí encontrarás enunciadas todas las leyes. Las palabras relacionadas con la palabra "futuro" son aspectos en los cuales te recomendamos enfocarte para seguir creciendo. Por ejemplo, al concentrarte en palabras como *aprendizaje, contribución, rendimiento, gratitud* te estarás enfocando en hacer más consciente el hecho de que tu futuro debe ser más grande que tu pasado. En cambio, si te concentras en palabras como *pasado, experiencia, recompensas, aplausos, éxito,* es más factible que te sientas atrapado. El hecho es que, cuando miras las leyes de esta manera, después de haber leído el libro y entenderlas, suele suceder que una palabra específica salta a tu vista de inmediato. Es así como sabes que es en ese punto en el que más quieres enfocarte o que esa podría ser la raíz de la sensación que tienes de estar estancado o frustrado. Lee de nuevo la definición completa de esa ley (es fácil encontrarla porque corresponde al número de página enumerado allí) y es probable que obtengas algunas ideas sobre qué hacer al respecto.

LEY

2

**Haz que tu aprendizaje
sea siempre mayor
que tu experiencia**

El aprendizaje continuo es esencial para el crecimiento a lo largo de la vida. Puedes tener una gran experiencia y no por eso ser más inteligente por todo aquello que hayas hecho, visto y escuchado. La experiencia en sí misma no es garantía de crecimiento constante. Pero si siempre estás enfocado en transformar tus experiencias en nuevas lecciones, cada día de tu vida será una fuente de crecimiento. Las personas más inteligentes son aquellas que aprenden a transformar incluso los eventos o las situaciones más pequeñas en grandes adelantos en el campo de su pensamiento y su actuar. Mira toda tu vida como una escuela y cada experiencia como una lección, y tu aprendizaje siempre será mayor que tu experiencia.

Nuestra capacidad de aprendizaje continuo es la que nos permite tener un futuro que será siempre más grande que el pasado. Hay un método para hacerlo. Cada experiencia que has vivido está compuesta por dos partes: los aspectos que sí funcionaron y los que no funcionaron. Al decir que "*sí funcionaron*" nos referirnos a esos aspectos de la experiencia que te impulsaron a avanzar, los que aumentaron tu sensación de capacidad y confianza. Y al referirnos a los que "*no funcionaron*", queremos decir lo contrario: son todos esos aspectos de la experiencia que bloquearon o socavaron tu sentido de capacidad y confianza.

Una vez que identifiques estos dos aspectos de cada experiencia, comienza a tomar conciencia de nuevas formas de maximizar lo que funcionó y evitar o eliminar lo que no funcionó. Se te volverán evidentes nuevas ideas, más sabiduría y otras formas mejores y más efectivas de actuar. Y en ese proceso, la experiencia se transforma en una fuente de crecimiento y adquiere un nuevo significado positivo.

Grandes aprendizajes a partir de pequeñas experiencias

Incluso una pequeña experiencia tiene el potencial de ser una fuente de aprendizaje importante. Catherine comparte este ejemplo:

"Iba de regreso a casa, después de una cena donde mi padre. Me dio mucha comida deliciosa para llevarme a casa, así como mi viejo horno de microondas que me había pedido prestado hacía tiempo y una lámpara para que la instalara en lugar de una quebrada, ya que acababa de mudarme a este lugar. Era tarde y me sentía cansada. Sin embargo, vi todas las cosas que tenía entre el maletero de mi carro y pensé que sería capaz de llevarlas de una sola vez. Así que puse la lámpara encima del microondas, que era bastante pesado, pero manejable por una corta distancia; luego, me colgué las dos bolsas de comida, una en cada muñeca. De pie junto a mi automóvil, me sentí bastante orgullosa de mí misma. Entonces, me di cuenta de que, además de todo, también tenía que cerrar el maletero.

Levantando una rodilla para apoyar el microondas, liberé la mano más cercana al auto para cerrar la tapa del maletero, pero calculé mal mi capacidad para maniobrar con el peso de las bolsas que colgaban de mis muñecas. La tapa bajó rápidamente con un ruido sordo y se cerró. ¡Fue horrible! Me di cuenta de que mi dedo estaba atrapado en el baúl y, a medida que comencé a sentir dolor, comprendí que tendría que dejar caer el microondas para liberarme. De pie sobre una pierna, no había una forma elegante de hacer esto. La lámpara chocó contra el suelo y por todas partes cayeron vidrios rotos. Era como una escena de una vieja comedia de payasadas. Si Buster Keaton hubiera estado, no la hubiera coreografiado mejor que yo. Afortunadamente, mi llavero con su botón que abre el baúl estaba en mi bolsillo; de lo contrario, me habría quedado atascada allí por largo tiempo.

Logré liberarme y mi dedo, aunque rojo y palpitante, estaba bien. La caída del microondas dejó una gran peladura en mi auto y un agujero en mis jeans nuevos. Me sentí increíblemente estúpida –derrotada frente a mi intento de hacer algo tan tonto– y estaba enojada conmigo misma. Todo me hizo preguntarme si en realidad esa había sido una buena idea. Entonces, comencé a pensar: "OK, esto es ridículo. ¿Qué está tratando de enseñarme el universo en este caso?". Y algunas palabras muy sabias que había escuchado de mi amigo Edward Brown, un sacerdote zen, entraron en mi cabeza: "A llevar una cosa con las dos manos, en lugar de dos cosas con una sola mano". No podría haber sido más literal y cierto. De inmediato, comprendí lo que no estaba funcionando.

En ese momento, me di cuenta de que había estado haciendo cosas como esta toda mi vida y que hasta ahora había tenido la suerte de evadir un desastre, aunque no mucho en ciertas ocasiones. Una sonrisa comenzó a asomarse en mi rostro. Comprendí que ya era hora de cambiar mis hábitos.

Además del daño en mi automóvil, y de que no tenía dinero para repararlo, tuve una uña ennegrecida durante un mes como recordatorio constante de cada momento en que he estado tentada a asumir demasiado y al tiempo. Sin embargo, mi sentimiento general fue de gratitud. Después de todo, la lección podría haber ocurrido cuando estaba manejando en la carretera, hablando por mi teléfono celular y a la vez comiéndome una paleta: pudo haber sido mucho peor. Por eso, ya no hago cosas así. Lo que sí funcionó de aquella experiencia fue que me despertó y me hizo tomar consciencia de un mal hábito que me estaba poniendo en peligro.

Hoy en día, trato de prestarle más atención al hábito de hacer una sola cosa a la vez y me doy permiso para tomarme un poco más de tiempo para realizar todo lo que tengo que hacer. Aprendí a decir no cuando necesito decirlo y a delegar mejor. Estoy mucho menos estresada y, curiosamente, parece que, al fin del día, terminé haciendo todo lo que planeé hacer. No hacer malabares con tantas cosas a la vez me ha permitido realizar un mejor trabajo en lo que es verdaderamente importante y ver las posibilidades que tenía, las cuales no veía porque estaba demasiado distraída como para haberlas notado antes. Esta experiencia tan poco atractiva, tan pronto como la analicé en términos de lo que sí funcionó y lo que no, me enseñó una lección que me ayudó a mejorar mis hábitos y mis resultados.

Puede que también haya salvado mi vida. Un par de años después, iba conduciendo por una intersección en ese mismo automóvil, mirando hacia adelante, aunque no había autos frente a mí; de repente, por el rabillo del ojo pude ver algo grande que venía demasiado rápido y directamente hacia mí. Por instinto, pisé el acelerador, me incliné hacia adelante y me preparé para aplastar la parte trasera de mi panel trasero, el que tenía la hendidura del microondas todavía dentro. Quedé temblando, pero ilesa. Resultó ser que un anciano con mala vista se saltó una señal de pare en un sitio de alta velocidad. Él ni siquiera me vio. Si yo hubiera estado un poco distraída en ese momento, su gran auto americano de la década de 1970, que escapó ileso, habría desbaratado mi pequeño sedán justo en la puerta del lado del conductor. De inmediato, sentí que acababa de pasar algún tipo de prueba, como si el universo me estuviera diciendo: "De acuerdo, sabemos que recibiste la lección. Ahora, te arreglaremos tu auto de forma gratuita (a través de un seguro) porque ya no necesitas más recordatorios". ¡Aquella experiencia fue perfecta! Dramática, ¡pero perfecta!

La elección de aprender

Es imposible elegir todas las experiencias que tendrás, pero sí es posible elegir qué hacer con ellas. Podrás usarlas como excusas, ponerlas como insignias de honor, convertirlas en desencadenantes emocionales para cuando quieras salir a cantar o llorar, o enterrarlas como esqueletos de esos que siempre terminan reapareciendo. Sin embargo, estas elecciones no te ayudan a crecer. Mejor úsalas como materia prima para tu aprendizaje, aprovechando la energía emocional que hay detrás de ellas para impulsarte a hacer un buen uso de cada lección.

A veces, de este tipo de aprendizaje tienden a provenir innovaciones notables, como en el caso de Mary Anne Ehlert. Mary Anne creció con una hermana que sufría de parálisis cerebral. Mientras otras familias salían a cenar y de vacaciones, la familia de Mary Anne se quedaba en casa y entre todos se turnaban para cuidar a Marcia, pues requería cuidado constante. Sus padres dedicaron su vida a su cuidado y se sentían culpables de no poder ofrecerles a sus otros hijos una educación más normal y mejor.

Como en cualquier familia que haya un miembro con necesidades especiales, todos los demás se vieron afectados. Mary Anne decidió que, si sus amigos no aceptaban a Marcia, no serían sus amigos. Además, aprendió cómo ayudarla a controlar sus convulsiones y a aplicarle los nuevos tratamientos que sus padres decidieron probar. Mary Anne siempre estuvo bastante cerca de su hermana. Ella le da crédito a Marcia por haberle enseñado a decir lo que sentía y por enseñarle al grupo familiar que la vida "se trata de algo más que simples cosas". Siempre se mantuvieron unidos, a pesar de la tensión, y sus padres permanecieron juntos, superando las altas probabilidades de la tasa de divorcio, que es del 85%, entre los padres de hijos con necesidades especiales.

Después de una carrera de 20 años en la banca, que abandonó cuando su cargo requirió que destituyera a 1.500 personas en dos días, Mary Anne decidió convertirse en asesora financiera especializada en jubilación y planificación patrimonial. En este contexto, ella les preguntó a sus padres cómo habían hecho ellos para proveerle a Marcia todo lo necesario en su condición de salud. Entonces, descubrió que su mayor temor era que su hermana se quedara sola si les ocurría algo a ellos. Mary Anne comenzó a buscar soluciones a ese respecto y muy rápido se dio cuenta de que la necesidad iba más allá de su propia familia. Al comienzo, basándose en su experiencia en el mundo de los productos financieros, se enfocó en buscar soluciones innovadoras que protegieran a su hermana y restauraran la confianza y el sentido de control de sus padres. A partir de su experiencia con Marcia, Mary Anne tuvo una comprensión única del tipo de situaciones que las familias como la suya enfrentan, y de los posibles peligros que se presentan. En otras palabras, Mary Anne comenzó a observar cuestiones difíciles dentro de este tipo de situaciones que terminaron yendo mucho más allá de la planificación financiera.

Pronto, ella y un equipo que fue conformando poco a poco fundaron Process for the Protected Tomorrows††, una entidad que se encarga de abarcar toda una serie de servicios que abordan las necesidades en muchos niveles diferentes tanto de la familia como del niño con discapacidades. Debido a su experiencia personal, ella cuenta con la sabiduría para hablarles con mucha sinceridad a las familias en esta situación, eliminando la negación que es tan común en estos casos, y brindándoles apoyo con empatía genuina y una profundidad de comprensión y entendimiento que sería difícil de brindar en el caso de alguien que no haya estado en sus zapatos. Process for the Protected Tomorrows continúa evolucionando a medida que Mary Anne y su equipo buscan nuevas formas de mejorar la vida y las perspectivas de las familias con las que ellos tratan.

Mientras que algunas personas quizás enfrentaron su niñez en circunstancias como las de Mary Anne tratando de "superarlo" y "seguir adelante", ella eligió usar su experiencia para ayudar a otros de manera extraordinaria. Al usar su comprensión de lo que sí funcionó (el amor, la devoción y el aprendizaje que Marcia trajo a sus vidas) y de lo que no funcionó (el estrés, el miedo, la incertidumbre y el sacrificio) en su familia, ella logró desarrollar soluciones para mejorar las experiencias de otras familias que se ocupan de sus miembros con necesidades especiales. Ella está haciendo una contribución poderosa donde hay una gran necesidad. Y en el proceso, ella también ha creado una entidad única y próspera con un potencial de crecimiento ilimitado.

Tu propia experiencia es rica en oportunidades de aprendizaje que lograrás ver, siempre y cuando las estés buscando. Transforma tus experiencias en lecciones y nunca te sentirás cansado, ni extenuado por tu pasado. Verás que cada lección te proporcionará la base para mejores experiencias futuras.

¿Dónde empiezo?

→ *Transforma tus experiencias*

Enfócate en una experiencia específica. Intenta elegir una situación determinada como "la conversación de hoy con Joan" en lugar de una colección de eventos más amplia y menos definida como "mi relación con Joan". Elige una que aún tenga un impacto emocional en ti cuando la recuerdes. Hay buena energía para impulsar la transformación en esos sentimientos. Piensa en lo que sí funcionó y en lo que no funcionó en medio de aquella situación. Es posible que desees escribirlo todo. Luego, piensa en lo que podrías hacer para crear un mejor resultado la próxima vez, y usa ese aprendizaje para avanzar.

→ *Cambia la conversación*

Una manera de evaluar si estás centrado en el aprendizaje o la experiencia es escuchándote hablar de ella. ¿Estás más ansioso por compartir tu experiencia o por escuchar y aprender? ¿Compartes para ser escuchado o para avanzar en la conversación? Observa cómo te sientes con las personas que cuentan las mismas historias una y otra vez. ¿Hablas sobre lo que te pasó o sobre lo que aprendiste de lo que te sucedió? ¿Tu experiencia es el punto de partida o el punto final de la conversación? Préstales atención a las historias que repites, especialmente, si lo único que estás es retransmitiendo tu experiencia. Algunas de esas situaciones serían muy buenas candidatas para realizar el ejercicio anterior. Por lo general, una vez que obtengas el aprendizaje de una experiencia, la compulsión por hablar de ella una y otra vez desaparece.

→ *Termina este libro y haz el ejercicio al final*

¡Sabemos que esta es solo la Ley #2, pero es un libro corto! El ejercicio al final, llamado "El medidor de crecimiento", te guiará para que puedas cavar en medio de tus experiencias recientes y extraigas crecimiento de ellas, pero deberás comprender todas las leyes para obtener el máximo beneficio. Este es un ejercicio que podrás hacer de manera regular para desarrollar tu conocimiento basándote en las decisiones que estás tomando día a día, analizando cómo estas afectan tu crecimiento. Con el tiempo, a medida que empieces a ser más consciente de tu forma de pensar y la veas en términos de las leyes, te encontrarás con más oportunidades de aprendizaje en lugar de repetir la misma experiencia una y otra vez, y de forma inconsciente.

LEY

**Haz que tu contribución
sea siempre más grande
que tu recompensa**

Una mayor contribución a los demás es esencial para nuestro crecimiento constante. A medida que te vuelvas más exitoso, numerosas recompensas surgirán por tu camino: mayores ingresos, elogios, reconocimiento, reputación, estatus, capacidades, recursos y oportunidades. Estas son todas deseables, pero podrían convertirse en factores que detengan tu crecimiento. Por ejemplo, te sentirás tentado al obsesionarte solo con las recompensas, en lugar de centrarte en hacer contribuciones aún mayores. La única forma de garantizar que las recompensas aumentarán continuamente es no pensando demasiado en ellas. Mejor continúa haciendo contribuciones cada vez más significativas: ayudar a otros a eliminar peligros, a visibilizar y aprovechar las oportunidades que se les presenten y a maximizar sus fortalezas. Mayores recompensas se derivarán automáticamente de esta actitud y tu futuro seguirá llenándose cada vez más de formas gratificantes de contribuir. Concéntrate siempre en crear nuevos tipos de valor hacia grandes cantidades de personas y así te asegurarás de que tu contribución sea siempre mayor que tu recompensa.

Hacer una contribución en sí misma solidifica y expande tu relación con el mundo exterior. Es a través de esta relación que tu crecimiento continuo será financiado y apoyado. Si no estás contribuyendo con los demás, es fácil quedarte atrapado en tus propios pensamientos e ir en círculos. Al centrarte en contribuir y dejar que las recompensas se cuiden a sí mismas, te estarás anclando en el mundo real. Notarás que, a través de la información y la retroalimentación que obtengas de los demás, aumentarás tu comprensión de cómo generar un valor cada vez mayor.

Contribuir es más importante que la recompensa

Una de las cualidades más sorprendentes de Mary Anne Ehlert es que, incluso como agente principal en una de las mayores compañías de servicios financieros de los Estados Unidos, ella nunca le prestó atención a cuánto se ganaría de comisión en ningún producto que vendiera. De hecho, ella estableció su negocio de tal manera que no lo supiera; así, el único factor que influiría en su decisión sobre qué venderle a un cliente sería si se trataba o no del mejor producto disponible para cumplir con los requisitos de esa persona específica.

Cuando Lisa Pijuan-Nomura, artista y exitosa programadora de arte en Toronto, ofrece un espectáculo, nunca piensa en lo que costará la boleta de entrada, ni en cómo se va a pagar el evento. Ella enfoca toda su atención en tratar de dar el mejor espectáculo y confía en que si es bueno, la gente vendrá. Y debido a que ella genera productos de alta calidad consistentemente, las personas sí vienen y además les cuentan a otras. Ella nunca ha perdido dinero en ninguno de los programas que ha producido.

La forma en que Lisa y Mary Anne abordan las recompensas no es un acto ciego de fe; más bien, es una buena práctica comercial y una buena práctica en cualquier área de la vida en la que quieras crecer. Cuando te centras en hacer una contribución real y permites que tu audiencia decida cómo te pagará, las recompensas a menudo suelen ser mayores de lo que podrías haber imaginado. Centrarse en las recompensas es una trampa porque desvía tu energía creativa de lo que generan las recompensas en primer lugar: el valor que obtiene tu público de lo que haces.

El acto de contribuir nos hace crecer

La mayoría de las veces, el acto de hacer una contribución en sí será una gran fuente de crecimiento y producirá muchas recompensas imprevistas. En 2003, Matthew Passmore era un abogado corporativo que se sentía miserable en lo que él describe como una carrera muy lucrativa, pero destructora de almas. Durante sus horas de almuerzo se escapaba a la librería local para mirar las revistas de arte y soñar. Un día, *Cabinet*, la portada de la revista de arte y cultura, llamó su atención con el mensaje "Free Land Inside (no es una broma)". La abrió para leer una pieza conmovedora y hermosa, pero irónica sobre cómo los editores habían comprado medio acre de tierra de matorral en el desierto de Nuevo México, en adelante denominado "Cabinetlandia". Aunque les ofrecían a los lectores contratos de arrendamiento por 99 años en parcelas del tamaño de una revista (lo suficientemente grandes como para sostenerse con dos pies) por un centavo en una sección llamada "Readerlandia", el interés de Matt fue inmediatamente a "Artistlandia", que se dice que está reservada para proyectos de futuros artistas. Inspirado, les escribió a los editores enviándoles lo que más tarde ellos describieron como "el plano más excéntrico y extravagante para construir la Biblioteca Nacional del Gabinete" más grande sobre la Tierra. Los editores se emocionaron y publicaron sus planes y dibujos. Un año después, para su sorpresa, Matthew Passmore condujo hacia el desierto con tres amigos y construyeron aquel plano: el gabinete incrustado en una pared curva de sacos de arena, tierra y cemento, que alberga todos los números de la revista Cabinet, así como un catálogo de tarjetas, un libro de visitas y un snack bar que, en ese momento, consistía en una botella de agua, un par de botas de trabajo para hombre talla 10 (para protegerse de escorpiones y serpientes) y dos latas de cerveza. Aunque aventurarse en un lugar remoto y desolado del desierto de Nuevo México podría no ser la idea de la mayoría de la gente para unas maravillosas vacaciones, para Matt y sus amigos sí era como unas vacaciones, —solo que mejor, porque se divertirían, desafiarían a mucha gente y hasta realizarían la visión de aquella extraña biblioteca–. Él, realmente, no pretendía nada aparte de realizar el proyecto y hacerle un aporte a Cabinetlandia. La revista publicó la cuenta de Matt y las fotos de las instalaciones, y luego presentó su historia en la venerable galería Tate Modern, en Londres.

Impertinente y audaz como lo fue, para Matt este proyecto se convirtió en el punto de partida de su carrera como artista exitoso de tiempo completo y muy solicitado, que opera a escala global. El espíritu de contribución ha seguido siendo un factor importante para impulsar su éxito. Rebar Art and Design Studio, que formó con otros dos artistas (incluido uno de los que le ayudó a construir la biblioteca), se hizo más famoso por *Park(ing)*, un estacionamiento con parquímetro en un parque público temporal (pagando "renta" alimentando el medidor, por supuesto). Comenzó en 2005 como una intervención local de arte de protesta en San Francisco, su ciudad natal, pero cuando la gente expresó su interés en hacerlo en otros lugares, él y sus socios decidieron crear una guía de instrucciones gratuita y dejar que otros lo hicieran por sí mismos en vez de ellos cobrar una tarifa de consultoría. Al hacer que el modelo estuviera disponible a través de un enfoque de código abierto, Rebar permitió que los individuos y las comunidades lo hicieran suyo y utilizaran el concepto para llamar la atención sobre sus necesidades y propósitos particulares. El proyecto despegó como un reguero de pólvora. En 2011, cuando Rebar dejó de contarlos, los eventos anuales llamados *Park(ing) Day* se habían adoptado en 162 ciudades, en 35 países. Cerca de 1.000 parques surgieron en las calles de la ciudad durante un día de septiembre sorprendiendo y deleitando a los residentes y transeúntes y alentándolos a pensar de manera diferente acerca de una plétora de problemas locales. Con este éxito llegaron entrevistas en BBC, NPR y otros medios de comunicación importantes de todo el mundo. Matt se convirtió en un orador solicitado y la reputación de Rebar se estableció en todo el mundo.

Sin embargo, él se apresura a señalar que nada de eso habría sucedido si hubieran abordado el proyecto como una empresa financiera o pensando en la creación de una marca para Rebar tan pronto como la idea comenzó a despegar. Los artistas necesitan ganarse la vida como cualquier otra persona, sin embargo, ellos sintieron que esta idea debía presentarse con un espíritu puro de curiosidad y exploración, fiel a sus raíces; así, otros podrían adoptarla y adaptarla sin reservas. Como resultado, se sembró un movimiento global que se ha convertido en un vehículo para la acción cívica, la concientización, la creatividad y la diversión en ciudades de todo el mundo.

La abundancia fluye hacia
quienes disfrutan contribuyendo

Esta afirmación trae a colación un punto interesante: la gente quiere alinearse con otra gente que también esté trabajando en función de contribuir al máximo posible. Por el contrario, no quiere asociarse, ni hacer planes con gente cuyo perfil sea reconocido ante todo por su arrojo para tomar más de lo que da, ni mucho menos, darle nuevas oportunidades. De hecho, la tendencia es a querer equilibrar las escalas y tomar distancia con respecto a esas personas (u organizaciones). Por esta razón, optar por tomar en lugar de dar, cobijado por la actitud de llegar a ser "el que tiene más victorias" o por el deseo de ganar tanto como sea posible, independientemente del costo para los demás, es una forma miope de vivir. Quienes actúan así terminan dedicándoles mucha energía y recursos a sus "argumentos de defensa" intentando proteger lo que han ganado y envidiando a otros que tengan más, en lugar de vivir con un sentido de abundancia, confiando en que siempre tendrán lo que necesitan.

La actitud filantrópica

Para que tu contribución sea siempre más grande que tu recompensa, debes tener lo que llamamos la actitud de negarte a ti mismo, un deseo filantrópico, desprenderte de tu propio bienestar por encima del de los demás. Esto significa que estás convencido de hacerles contribuciones valiosas a quienes te rodean, negándote a ti mismo y a ese deseo humano de anhelar y creer que mereces cualquier tipo de recompensa. Hablamos de este tema con nuestros clientes emprendedores porque la abnegación es una actitud que todos los emprendedores deben adoptar, ya que si ellos no logran ofrecer algo que otros perciben como valioso, no permanecerán en el negocio por mucho tiempo. Además, todos podemos beneficiarnos del hecho de tener o querer desarrollar una actitud filantrópica, pues esta no solo es para empresarios y emprendedores que manejan sus propios negocios, como en el caso de Gaynor Rigby, quien se dio cuenta de esta realidad al principio de su carrera en Strategic Coach.

Gaynor es una mujer extraordinariamente talentosa, capaz y brillante, con gran corazón y grandes sueños. Salió de Inglaterra a los 18 años para venir a Estados Unidos porque sentía que aquí tendría opciones de un futuro más prometedor. Después de trabajar como niñera, primero en Cincinnati y luego en Toronto, aceptó un trabajo en Strategic Coach como recepcionista. En ese entonces, la compañía era pequeña, pero ella tenía grandes ambiciones y su realidad era que no veía que estuviera cumpliendo con sus expectativas. Como era obvio, sus escasos resultados la llevaron a sentirse un poco frustrada con respecto a su vida al reconocer que no estaba haciendo el progreso que debería; además, había ganado algo de peso, así que comenzó a sentirse mal por sí misma. ¿Por qué el mundo no cooperaba, ni la ayudaba a lograr sus sueños? ¿Cómo la gente no veía todo lo que ella tenía para ofrecer?

Gaynor estuvo muy deprimida hasta que un día, en un taller, escuchó a Dan hablar sobre el hecho de que los empresarios saben que tienen que generar algún tipo de valor antes de esperar cualquier recompensa. De repente, se dio cuenta de una afirmación crucial: había estado esperando que la oportunidad se acercara a ella, cuando lo que en realidad tenía que hacer era salir y buscar proactivamente formas de contribuir a su vida misma y a la sociedad. Esa fue una verdad que alteró su vida.

De inmediato, Gaynor comenzó a poner en práctica su gran capacidad de determinación para transformar su vida. Primero que todo, decidió comer mejor y hacer ejercicio. Luego, se enfocó en buscar por toda la oficina sistemas y estructuras que necesitaran reparación para ella misma empezar a hacerlas; una vez evaluado el panorama, diseñó un plan de acción, se lo presentó a Babs y Dan, y obtuvo su autorización para realizarlo.

Poco a poco, Gaynor comenzó a ascender hasta que llegó a ser la directora de ventas y marketing de Strategic Coach y, eventualmente, se convirtió en CEO de su propia compañía en el Reino Unido. Al comienzo, basándose en lo que aprendió como niñera con respecto a cómo motivar a otros, trabajó y fue escalando posiciones hasta convertirse en una líder respetada y talentosa; se dio a conocer por su capacidad para asumir casi cualquier reto, para delegar e ingeniárselas sistematizando alguna forma de mantenerlo controlado hasta vencerlo y así pasar al siguiente. En la actualidad, Gaynor se siente muy feliz con respecto a todo lo que ha logrado hasta este punto, sabiendo que ha ido moviéndose con absoluta independencia y bajo sus propios términos hasta lograr sus metas. Todas las recompensas que ella quería, y muchas otras que nunca esperó, han venido como subproductos de sus contribuciones, las cuales le han permitido ver posibilidades incluso mayores y buscar otras formas de usar sus talentos y ganar experiencias de crecimiento cada vez más gratificantes. Y ella es la primera en reconocer que el día en que decidió hacer que su contribución fuera más grande que su recompensa fue ese mismo día en que hizo posible el inicio de este futuro más grande y de mayor crecimiento.

¿Dónde empiezo?

→ *Desarrolla una actitud filantrópica*

Cuando creas que primero necesitas crear valor para después recibir cualquier clase de recompensa, estarás más centrado en contribuirles a los demás. La mayoría de nosotros tiene la tendencia a pensar que merece cosas de vez en cuando. Esa es una respuesta condicionada que ha sido incorporada en nuestro pensamiento mediante infinidad de mensajes que existen a nuestro alrededor que nos refuerzan la idea de que tenemos derecho a todo. A menudo, estos mensajes provienen de personas u organizaciones que quieren manipularnos de alguna manera o incluirnos en sus agendas. Por consiguiente, una actitud de abnegación, de negarnos a nosotros mismos, nos mantiene libres de estas otras agendas y nos ayuda a enfocarnos en nuestra capacidad de hacer lo que vamos a hacer, ante todo, por el simple hecho de contribuir.

→ *Busca maneras de contribuir*

Sé como Gaynor: creativo. Observa dónde hay necesidades que estás en capacidad de ayudar a cubrir. Ofrécete voluntariamente. Ve más allá del llamado del deber. Hazlo por amor a la causa y en bien de tu crecimiento propio. Confía en que las recompensas llegarán y asegúrate de reconocerlas cuando llegue ese momento, bien sea en forma de nuevas oportunidades, de mayores capacidades, de confianza o de otros beneficios que no estés esperando. Paradójicamente, incluso no recibir recompensas suele ser muy beneficioso, ya que ese vendría siendo un rápido e inequívoco indicador de que estás trabajando con la audiencia equivocada o de que necesitas reevaluar lo que en verdad necesitas. Cualquiera es un buen primer paso para encontrar un camino más prometedor para el crecimiento si lo usas como una oportunidad de aprendizaje (ver la Ley #2). Los empresarios utilizan todo el tiempo este tipo de retroalimentación por parte del mercado para tomar decisiones estratégicas.

→ *Ten cuidado con la "reciprocidad"*

Quizá te parezca justo negociar de tal manera que obtengas algo a cambio por todo lo que le brindes. Sin embargo, muy a menudo esta clase de transacción limita el potencial de crecimiento en las relaciones, pues enfoca a las partes en "el trato", en quién está obteniendo qué o quién está recibiendo más, en lugar de, simplemente, contribuir el uno con el otro. En Strategic Coach, aunque somos una gran empresa con fines de lucro, no pedimos, ni aceptamos ninguna remuneración financiera de ninguna de las compañías que recomendamos, incluso cuando les proporcionamos cantidades muy importantes de negocios. Esta filosofía nos permite promover abiertamente lo que creemos que ayudará a nuestros clientes, sin ninguna duda de motivos ulteriores y sin problemas en cuanto al seguimiento, ni a los pagos, ni a quién está obteniendo el mejor lado del trato. A su vez, aquellos a quienes promocionamos agradecen que realmente valoremos lo que ellos ofrecen y están abiertos a trabajar con nosotros para hacer que esa experiencia sea lo mejor posible tanto para nosotros como para nuestros clientes, por lo cual se genera más valor en todos lados y para todas las partes que intervienen. La noción detrás de esta forma de pensar es que "cuando tú tienes éxito, nosotros también tenemos éxito". Así, el foco está en la contribución de ambos lados, no en la recompensa.

LEY

Haz que el rendimiento sea siempre mayor que tus aplausos

Trabajar en pos de obtener mayor rendimiento es esencial en el proceso de crecimiento por el cual vamos lo largo de la vida. Si te vuelves cada vez más hábil y útil, recibirás mayores aplausos de una audiencia que irá siempre en aumento. Este suele ser un resultado embriagador y tu tentación será querer comenzar a organizar tu vida alrededor del reconocimiento y los elogios que recibes de los demás repitiendo una y otra vez aquel comportamiento que desde el comienzo te hizo ganar el aplauso, en lugar de avanzar hacia cosas nuevas, diferentes y mejores. Cuando esto sucede, el peligro es que los aplausos que recibes se vuelvan más importantes para ti que alcanzar niveles más altos de desempeño. Los ganadores más exitosos en todos los campos son aquellos que siempre se esfuerzan por mejorar. Sin importar cuánta aclamación reciban, ellos siguen trabajando para mejorar su desempeño. Así que trabaja continuamente para superar todo lo que has hecho hasta ahora y tu rendimiento siempre será mayor que tus aplausos.

El futuro siempre será mejor a través de la acción y el rendimiento. Podemos tener una idea o una visión de un futuro más grande, pero esta idea y esta visión se volverán una realidad solo cuando tomemos medidas que se centren en lograr objetivos específicos.

El aplauso resultante del rendimiento es solo un subproducto. Obvio, es un subproducto útil y valioso, pero nunca debe ser el foco, ni la meta principal. Para que una persona siga creciendo, el enfoque central siempre tiene que ser su rendimiento como tal, nunca la respuesta de los demás hacia ella. Para contrastar esta afirmación con la Ley #3, a diferencia de la contribución, la cual se enfoca en el receptor (es decir, no hay contribución si el receptor no la percibe como una contribución), el rendimiento se centra en quien lo está desarrollando, en el sujeto en sí. Viene desde adentro y se mide desde adentro.

En otras palabras, tú tienes control sobre tu desempeño, pero nunca sobre las respuestas, ni la aprobación, ni el aplauso de otras personas. El objetivo aquí siempre es mejorar; apreciar lo lejos que has llegado, pero también seguir esforzándote para llegar más lejos, haciendo que tu futuro sea siempre más grande que tu pasado. Y un futuro más grande exige mayor rendimiento de tu parte. Requiere que tus habilidades e influencias sigan mejorando.

Creciendo a través del desempeño

Durante el proceso de mejorar el rendimiento ocurre el crecimiento. Al esforzarnos por mejorar nuestro desempeño, ponemos en práctica nuestras pasiones y talentos, y buscamos formas de llevarlos a nuevos niveles. Muchos de los obstáculos con los que nos enfrentamos requieren que crezcamos en formas que impacten mucho más que nuestro desempeño en cualquier área. Pero el deseo de un mejor desempeño es el que nos da el enfoque y la motivación para asumir y superar estos desafíos.

Con una sonrisa, Todor Kobakov admite que era "un chico muy arrogante de 16 años", recién llegado a Canadá desde Bulgaria, cuando conoció en la Facultad de Música de la Universidad de Toronto a su profesor de piano, William Aide. El primer día, Todor le dijo directamente que ya no estaba interesado en tocar el piano clásico. No tenía planes de convertirse en concertista de piano y, en cambio, estaba interesado en la composición y el jazz. Poco después, su actitud cambió, ya que su profesor lo ayudó a ver cuánto disfrute y posibilidades de desarrollar nuevas habilidades estaban implícitas en el deleite de tocar el piano.

En los primeros dos años de estudio, Todor fue aprendiendo que el rendimiento musical no se basa solo en las notas y la habilidad técnica, sino que también es, y esto es lo más importante, una representación personal del carácter del artista, intérprete o ejecutante. Tanto él como sus compañeros comenzaron a observar que lo que cada uno de ellos realmente estaba haciendo era aprender cómo ser una mejor persona, no solo un mejor pianista; comprendieron que estos dos aspectos iban de la mano. En sus esfuerzos por seguir mejorando, Todor se volvió más consciente de los rasgos de su carácter. A través de la música, descubrió algunas cosas sobre sí mismo que quería cambiar y también buenas cualidades sobre las que quería construir. Su conocimiento de sí mismo mejoró su capacidad de controlar sus actuaciones y de expresarse a través de ellas de tal manera que contara historias más personales y únicas cada vez que interpretara su música.

Cuando Todor y el profesor Aide se separaron después de cuatro años, luego de haber desarrollado por el camino una amistad personal, su maestro le dijo: "Creo que te he enseñado a mejorar por ti mismo a partir de ahora". Hacia los 20 años, Todor era un joven sorprendentemente autocontrolado y articulado, poseedor de una sabiduría sorprendente para su edad. Su experiencia de aprender cómo ser un mejor pianista clásico le ayudó a convertirse en alguien cada vez más maduro y equilibrado durante sus años universitarios. Y lo que es más importante, le dejó la capacidad de crecer continuamente a través de su decisión de buscar mejores y mejores actuaciones. Con el paso del tiempo, Todor decía que disfrutaba interpretando aquellas piezas que no hubiera tocado en mucho tiempo, pues observaba que su forma de interpretarlas siempre era muy diferente y este hecho le mostraba cuánto había cambiado él mismo como persona.

Se trata de la experiencia

Aunque Todor recibió aplausos por sus actuaciones, estos significaban muy poco para él. De hecho, afirmaba con honradez que los aplausos a veces lo entristecían porque significaban que la actuación había terminado. Su actitud es que, como músico, no tocas con la intención de impresionar a la audiencia. Por el contrario, lo que sucede en una gran actuación es que el intérprete y la audiencia celebran juntos la grandeza de la música. El intérprete le "aplaude" a la música a través de su actuación y el público aplaude más literalmente. Pero el enfoque de ambas partes está siempre en la música.

Esta dinámica también se aplica a otros tipos de rendimiento. Ocurre cuando el artista, intérprete o ejecutante está en el escenario y se centra en crear una experiencia que combine muchos elementos, además de la respuesta de la audiencia. Y la audiencia que está prestando atención notará y apreciará la destreza artística que conlleva el hecho de orquestar tal experiencia. Puede que no sea un aplauso literal, pero este es a menudo el tipo de actuación que recibe grandes consejos, excelentes críticas sobre cómo obtener mayor rendimiento, cartas de agradecimiento, citas y otro tipo de reconocimientos.

Quienes se enorgullecen de su desempeño y se esfuerzan por generar experiencias cada vez mejores para sus audiencias siempre tienen la posibilidad de crecer en cualquiera que sea el área laboral o intelectual a la que pertenezcan. Tal vez, se trate de un tomador de pedidos de comida rápida que, al mismo tiempo y sin esfuerzo aparente, sabe cómo despachar tu orden, aplacar a tus traviesos niños, sonreírte comprensivamente y hacer que todo lo que pidas esté bien ubicado en tu bandeja para que puedas tomarla con tu mano libre, todo esto en un solo acto. Ese tipo de desempeño cotidiano requiere que quienes lo practican estén total y completamente presentes y comprometidos con lo que están haciendo, al igual que lo están en el escenario un artista o un intérprete. Y si lo hacen solo por el disfrute, por la energía y el desafío que esta dinámica les genera, la que a menudo llamamos "enorgullecerse de su trabajo", entonces, ellos seguirán en un proceso de crecimiento constante. Ahora, si lo hacen por el reconocimiento externo, entonces es probable que dejen de crecer, ya sea porque los aplausos desaparezcan una vez que la novedad se convierta en rutina o porque solo tendrán que seguir haciendo lo mismo para obtener la misma respuesta y ya no existe una motivación interna que los impulse a mejorar.

Manteniendo un desempeño revitalizado

Hay una historia, que tal vez sea ficticia, que a Dan le gusta contar sobre Sir Laurence Olivier y lo que, supuestamente, él hizo durante la temporada de una obra para tratar de mantener su actuación de cada noche tan fresca como la de la noche de la inauguración. Al parecer, Olivier tenía un ritual que realizaba todas las noches antes de su show. Se paraba detrás del escenario, miraba a través de la mirilla hacia el público y se decía a sí mismo: "Esta no es la audiencia de anoche. Este no es el show de anoche. Estos no son los actores de anoche. Esta no es la obra de anoche. Estas no son las líneas de anoche", y así sucesivamente. Al hacer este ejercicio, lograba estar presente por completo en la actuación de esa noche, a pesar de que ya había desempeñado ese papel muchas veces antes.

La verdadera señal de un artista talentoso es que sabe cómo interpretar lo mismo una y otra vez haciendo que parezca diferente cada vez que lo interpreta. Cada actuación se crea en el momento en que sale del interior del intérprete y cae en medio de todos los elementos que lo rodean, incluido el estado de ánimo del artista; surge de acuerdo a las características y a la capacidad de respuesta de la audiencia, del lugar y de cualquier otro factor presente en el momento de la presentación. Por lo tanto, cada actuación ofrece una experiencia de aprendizaje única para quien la interpreta, así como la oportunidad de poner a prueba sus habilidades en cada nueva situación. Pero tiene que ser visto de esta manera para que el aprendizaje ocurra.

Dan tiene esta historia sobre cómo cambió él su actitud para tomar ventaja de la que podría haber sido una situación negativa:

> "Adquiero muchos compromisos para hablar por todo el país. Por lo general, hay un número mínimo de personas o según sea el tamaño de la oportunidad que el equipo me tenga preparada. Sin embargo, en ocasiones hay contratiempos en el escenario. En una ocasión en particular, llegué esperando hablar con 300 personas y solo asistieron 30.

Casi siempre recibo mucha energía de las audiencias más grandes, así que el comienzo del evento fue un poco decepcionante. Pero luego, comencé a pensar en términos de rendimiento. Decidí que lo que haría en esta ocasión valdría la pena para mí y también sería una mejor experiencia para el público si pudiera salir y hacer de esta la mejor oportunidad de mi vida sin pensar en el tamaño de la audiencia: solo me concentraría en brindarles a ellos la mejor experiencia posible. Así que ese día salí y pronuncié mi discurso con esa actitud y debo decir que obtuve una gran ovación y mejoré mis habilidades".

Como medio para facilitar el crecimiento, los aplausos suelen ser maravillosamente útiles. Abren puertas a todo tipo de oportunidades, recursos y capacidades, y hacen que el desempeño llegue a un nivel aún más alto. Pero como un fin en sí mismo, los aplausos se convierten en un freno al crecimiento. Asfixian la imaginación y socavan la motivación. Al enfocarte siempre en mejorar tu desempeño y tratar los aplausos como un subproducto que aceptas con gratitud, te estarás garantizando un crecimiento continuo.

¿Dónde empiezo?

→ *Crea tus propios estándares*

Los atletas tienen la ventaja de medir su rendimiento, tanto en el entrenamiento como en la competencia; lo hacen para tener una idea clara de cuál es su mejor marca personal. Clara Hughes, la patinadora de velocidad olímpica canadiense, describió como su mejor tiempo personal una competencia de patinaje en la que participó en su país durante los Juegos Olímpicos de Vancouver. Para ella, esa ocasión fue "la carrera de mi vida", a pesar de que ese día su tiempo le valió una medalla de bronce y ella venía de ganarse una medalla de oro en los Juegos de Turín. Al crear tus propios estándares para tu desempeño y compararlos, tienes ante ti los elementos de juicio que te permitirán celebrar tus triunfos y medir tu progreso en tus propios términos, lo cual te ayudará a resistirte y no centrarte demasiado en los estándares, ni en el reconocimiento externo.

→ *Separa el desempeño de la contribución*

Algo que a menudo crea confusión en torno a esta ley es el uso de la palabra "desempeño" en el lugar de trabajo, pues se interpreta como "revisión del desempeño"; de esa manera, resulta difícil distinguirlo del significado de "contribución". Por lo general, una revisión del desempeño es una medida de tu desempeño frente a estándares externos; como por ejemplo, los requisitos de tu trabajo, que son realmente tu contribución en forma de los resultados que le aportas a tu equipo o compañía. Aquí, estamos diferenciando el desempeño de la contribución entendiendo como resultado o rendimiento aquello que obtienes y que dependen exclusivamente de ti, mientras que la contribución son esos resultados por medio de los cuales eres evaluado por otros. Muchas personas encuentran que pueden seguir haciendo lo mismo una y otra vez y hacer una valiosa contribución porque esos resultados son necesarios. Sin embargo, si comienzas a sentir que tu trabajo se está volviendo aburrido o estancado, este sería el mejor momento para volver a leer la historia de Laurence Olivier al comienzo de este capítulo y pensar en cómo hacer para mantener tu rendimiento fresco y emocionante al cambiar tu modo de pensar.

→ *Considera los aplausos como un gesto por el cual agradecer y no como un derecho*

Estar agradecido por los aplausos te aísla de la tentación de comenzar a esperar reconocimiento. Cuando una parte de ti se concentra en esperar aplausos, esa misma parte no estará disponible para contribuir a tu desempeño.

→ *Intenta estar siempre presente en el momento*

Si algo socava tu rendimiento es tener parte de tu mente pensando en tu rendimiento final y en los aplausos que este te traerá, antes de que hayas terminado. Para rendir al máximo necesitas tener todo tu enfoque en el momento. Si lo haces de este modo, los aplausos vendrán solos.

LEY

5

Haz que tu gratitud sea siempre mayor que tu éxito

La gratitud es esencial en el crecimiento a lo largo de la vida. Solo un pequeño porcentaje de personas tiene éxito continuo a largo plazo. Sin embargo, no es casual que estos triunfadores reconozcan que cada éxito que obtienen también es gracias a la asistencia de muchos colaboradores a quienes les están siempre agradecidos por el apoyo que reciben de su parte. Por el contrario, muchos emprendedores cuyo éxito se detiene en algún punto de su camino se encuentran en esa posición porque se desconectaron de quienes les estaban ayudando, pues se ven a sí mismos como la única fuente de sus logros. Y a medida que se vuelven más egocéntricos y aislados, pierden su creatividad y capacidad de triunfar. Reconoce a cada instante las contribuciones que recibes de los demás y, automáticamente, estarás creando más espacio en tu mente y en el mundo para recibir éxitos mayores. Te sentirás motivado a lograr aún más para aquellos que te han ayudado. Enfócate en apreciarlos y agradecerles, y estarás incrementando las condiciones para obtener un creciente éxito.

Cada uno tiene su propia idea de lo que significa el éxito. Algunos lo miden por lo que tienen; esto incluye posesiones materiales o circunstancias placenteras y también cosas más esotéricas, cualidades como el amor, la sabiduría y un conjunto de las habilidades que se requieren para alcanzar grandes metas; también están algunos logros en particular; ciertos tipos de relaciones y hasta un estándar de vida alto. El problema es que es posible alcanzar todas estas metas y aun así no ser feliz. Casi siempre, esto sucede cuando la gente tiene su propia idea de éxito, piensa que ha "llegado" a ella y, por lo tanto, deja de crecer. Cuando el disfrute y la energía generados por el proceso de crecimiento personal disminuyen, a pesar de todas las bondades del éxito, comienza a existir un vacío. Para el emprendedor comprometido con su crecimiento constante, el éxito es un proceso, no un destino. Llevar una vida exitosa se convierte en una cuestión de crecimiento constante. Y la gratitud hace que este crecimiento sea un hecho.

Aprecia lo que lo hace todo posible

La gratitud es la mayor garantía de nuestra interacción continua y exitosa con el mundo a lo largo de toda una vida. Esto se debe a que todos nuestros logros y capacidades son posibles gracias a los talentos y las contribuciones de quienes nos rodean. Si necesitas una prueba de esto, solo mira a tu alrededor en este momento. Observa en tu entorno todo lo que otros han creado: las herramientas que usas, la alimentación que consumes, el mueble en el que estás sentado, el papel en el que se imprimió este libro. Es casi inconcebible cuánta gente, cuánto ingenio y cuánto esfuerzo se requirieron para crear la situación en la que te encuentras ahora mismo, la cual demuestra que ningún éxito ocurre sin la combinación correcta de elementos y circunstancias que se alinean, ya sea que lo crees por suerte, destino o diseño.

Practica la "gratitud proactiva"

Se nos enseña a agradecerles a las personas cuando ellas hacen algo por nosotros, pero hay mucho más en el mundo por lo cual estar agradecidos. Podemos estar "proactivamente" agradecidos al apreciar más sobre el mundo en el que vivimos: la gente que conocemos y la que desconocemos, todo lo que conforma el entorno en el que hemos crecido y que nos ha permitido disfrutar de una vida productiva. Lo que apreciamos. Vemos el valor en las personas y en las cosas al practicar la gratitud proactiva. Una vez que vemos este valor, es natural que tratemos a estas personas y cosas con mayor respeto. La gente quiere trabajar con aquellos que los aprecian. Los recursos se dirigen a donde se valoran más. El mundo responde a la gratitud haciendo que todo lo que apreciamos esté disponible para nosotros.

Le tomó años a Dan convencer a Tony y a Mary Miller de que la forma de abordar el problema de la rotación del personal en su industria, que afectaba su exitoso negocio de limpieza, era dándoles más tiempo libre a sus trabajadores. Parecía un consejo bastante inapropiado y contradictorio e iba por completo en contra de cómo se hacían las cosas en la empresa por aquel entonces. Sin embargo, al final, Tony cedió y probó haciendo el experimento de otorgarles a todos sus trabajadores tres semanas de descanso inesperadas. De inmediato, la situación comenzó a cambiar. La tasa de rotación del 300% disminuyó drásticamente. Los empleados comenzaron a quedarse trabajando con la empresa, y al quedarse, mejoraron su rendimiento por equipos y comenzaron a producir mejores resultados en tiempos más cortos. Fue entonces cuando Tony y Mary supieron que estaban aprendiendo algo. Se dieron cuenta de que al apreciar a sus trabajadores, que eran casi en su totalidad nuevos inmigrantes, y al responderles a sus necesidades más amplias, podían transformar la naturaleza de su negocio y además hacer algo bueno en el mundo.

Los nuevos inmigrantes no obtienen tanto tiempo libre como otras personas. Sus desafíos con la barrera del idioma y con tener que descubrir cómo funcionan las cosas de manera diferente en su nuevo país significan que al cubrir sus necesidades, a menudo no les queda mucho tiempo para el ocio. Darles más tiempo libre a sus empleados era una forma de reconocer proactivamente esta dificultad y decir: "Apreciamos sus desafíos y el coraje que están demostrando al comenzar una nueva vida en un nuevo país". Esto es gratitud proactiva. No dices: "Te doy las gracias porque has hecho algo por nosotros", sino que lo expresas a través de un mensaje más amplio: "Estamos agradecidos de que haya personas como ustedes que quieren trabajar y apreciamos el valor que tienen como inmigrantes, como personas con coraje, esperanzas y sueños de un futuro mejor".

Tony y Mary comenzaron a ofrecerles clases de inglés y luego diseñaron un programa que, llegado el momento, les permitiría a los limpiadores comprar sus propias viviendas. Este tipo de beneficios eran inauditos en la industria. Aunque ellos no tenían ninguna garantía de que lo que estaban haciendo les generaría mejores resultados, ni de que los limpiadores responderían, se arriesgaron y lo hicieron de todos modos, y su personal respondió. Muchos comenzaron a referirles a sus parientes. La rotación continuó bajando y la productividad continuó mejorando. Se corrió la voz entre la comunidad inmigrante de esta compañía que trataba a sus empleados como personas con sueños y futuros, y no como mano de obra desechable.

Pronto, el problema de Tony y Mary se convirtió en la dificultad de explicar cómo podían tasar legítimamente sus servicios, ya que tenían una oferta inferior a la de los competidores por los contratos. Fue difícil para los posibles clientes entender cómo el equipo de los Miller era mucho más eficiente que los de otras compañías de limpieza. En pocas palabras, la respuesta a este dilema fue la apreciación de sus empleados la que les permitió idear un sistema para limpiar edificios con el que ninguna otra compañía estaría en capacidad de competir. Toda esta situación, junto con el manejo que le dieron, no solo transformó la vida de sus limpiadores, sino que también transformó la comprensión de Tony y Mary sobre cómo abordar los negocios; además, les abrió de par en par sus percepciones de lo que era posible, permitiéndoles imaginar un futuro mucho más grande.

El siguiente es un ejercicio rápido que demuestra cómo la gratitud tiene la fuerza para cambiar tu perspectiva. Elige a cualquier persona que conozcas y pregúntate: "¿Qué le agradezco a esta persona?". Escribe todo lo que pienses. Intenta encontrar por lo menos 10 motivos para sentirte agradecido. Sé creativo si es necesario. Luego, observa cómo ha cambiado tu actitud hacia esa persona. Si quieres dar un paso más, procura que ella sepa esos motivos por los cuales le estás agradecido y observa cuál es su reacción.

Pablo Neruda escribió una vez un libro de poesía llamado *Oda a las cosas*. Leer aquellos poemas –sobre un salero, una silla, un abrelatas– le da a uno un sentido completamente nuevo de cómo incluso los objetos más comunes juegan un papel significativo en nuestra vida. Podemos encontrar este significado si lo buscamos; y en el proceso, crecemos y aumentamos nuestra conexión con esas cosas. Lo mismo resulta cierto con respecto a las personas.

Conectividad, compromiso y humildad

Mientras más éxito tengas, más importante es practicar la gratitud proactiva. Y unidas a la gratitud hay tres características que son primordiales para crecer sin parar a lo largo de la vida: primera, la conectividad, que es ese sentimiento de que te ves a ti mismo siendo parte de algo más grande. Segunda, el compromiso. Ese deseo tuyo de contribuir a una realidad más amplia, generado por el hecho de que ves el valor de las contribuciones o aportes que otras personas y cosas le están aportando a esa realidad. Y tercera, la humildad, puesto que te ves como una parte única del mundo que te rodea, pero no como la parte más importante. Cuando estás conectado, comprometido y eres humilde, siempre hay más que aprender y tu actitud es disponerte a asimilar el máximo posible de cualquier circunstancia, de cualquier cosa y de cualquier persona que tenga algo valioso que enseñarte.

Además, la gratitud, por su propia naturaleza, también funciona automáticamente para eliminar tres características mentales que socavan el éxito individual en un mundo que es interactivo: el aislamiento, el egoísmo y la arrogancia. Quienes se aíslan a sí mismos también se aíslan de los conocimientos, los recursos y las grandes capacidades que otros tienen para brindarles. Los egoístas destruyen paso a paso la buena voluntad y el apoyo de quienes los rodean. Y los arrogantes aumentan la oposición y la hostilidad de los demás hacia ellos. Al cultivar la gratitud viviremos inmunizados contra estas tres amenazas al crecimiento y al éxito continuo.

¿Dónde empiezo?

→ *Haz una lista de tus razones para estar agradecido*

Una forma común y siempre efectiva de alinear tu actitud con la gratitud es anotando de 5 a 10 razones por las cuales agradecer todos los días. De esa manera, estarás practicando la gratitud creativa y proactiva; incluye personas, eventos y circunstancias que aprecias por el bienestar que suelen generar, así como a quienes te han beneficiado directamente y de cualquier forma.

→ *¡Expresa tu gratitud!*

El difunto Dan Taylor, un emprendedor de gran éxito y antiguo cliente y entrenador de Strategic Program, finalizaba cada reunión y cada encuentro con nuestro equipo expresando con sinceridad su gratitud por ese momento específico. Como resultado, a sus compañeros de equipo les encantaba trabajar con él y siempre se sentían apreciados y valorados en el proceso. La gratitud expresada casi siempre tiene un efecto dominó.

→ *Busca formas personalizadas de mostrar tu gratitud*

A la gente le gusta recibir aprecio de diferentes maneras. Si aprecias a alguien en particular, demuéstraselo de un modo significativo para esa persona. Algunos prefieren que la atención no se centre sobre ellos en público y preferirían una forma más privada para que les muestren aprecio; por ejemplo, mediante una tarjeta de agradecimiento, un gesto en particular o con un regalo que tenga un significado especial para ellos. También hay quienes disfrutan más de un reconocimiento público. Si no conoces lo suficiente a quien quieres darle una muestra de tu gratitud, procura preguntarle a alguno de sus allegados, a quien creas que sí sabe qué le agradaría a quien sea que quieres agasajar. A menudo, uno de sus asistentes o de sus amigos sabrá lo que le gustaría y de qué manera apreciaría que le agradezcas. Para unos, podría ser una buena botella de vino; para otros, una donación a una organización benéfica por cuya causa estén trabajando; podría ser a su nombre, si es que les gustaría tener algún reconocimiento; o anónimamente, si son del tipo de donantes que le gusta mantener sus ayudas en privado. En cualquier caso, la idea es mostrar tu agradecimiento.

LEY

6

Haz que tu deleite sea siempre mayor que tu esfuerzo

Disfrutar lo que hacemos es esencial en nuestro viaje de crecimiento por la vida. Hay quienes opinan que el éxito tiene que ser difícil de ganar para que sea real y desconfían demasiado de cualquier ganancia que surja como resultado de disfrutar de la labor que desempeñan. Si ganan recompensas de manera inadvertida, se sienten culpables. Si otros parecen beneficiarse disfrutando de lo que hacen, les cuestionan su moralidad asegurando que tales ganancias solo están siendo mal adquiridas. Por lo tanto, continúan trabajando duro en actividades que no les producen alegría, suprimiendo cualquier pista de disfrute que pudiera aparecer para que no sea interpretada como una señal de no ser "serios", ni "profesionales", ni merecedores de éxito. Y en ese proceso, se separaron de una enorme fuente de energía, creatividad y motivación. Encontrar maneras de obtener mayor y mejor deleite en tus actividades es una forma de garantizarte un crecimiento continuo. La creatividad en todos los campos de la labor humana está íntimamente ligada al juego, al deseo constante de hacer cosas nuevas solo por diversión. Acércate a todo lo que haces con este sentido de diversión y estarás asegurándote de que, a pesar de que sigas recibiendo buenos o mejores resultados, tu nivel de deleite sea siempre mayor que tu esfuerzo.

En el mundo burocrático, a quienes lo integran se les paga por dedicarle tiempo y esfuerzo a su trabajo. Pero los empresarios, a los que solo se les paga por la cantidad de valor que generan, independientemente de lo que haya sido necesario para llegar allí, saben que no importa cuánto tiempo y esfuerzo dediquen: lo que importa es el resultado que obtengan. Y si tienen la capacidad de obtener el mismo o un mejor resultado y divertirse haciéndolo, no hay nada de malo en ello. Con un poco de ingenio y con la actitud correcta tú también encontrarás formas de crecer y disfrutar realizando incluso las tareas más desalentadoras.

Busca placer y crecimiento a la vez

Clifford Shearing tenía apenas 17 años y trabajaba en una hermosa granja en Sudáfrica durante el *apartheid*. La granja tenía a todos sus trabajadores organizados en equipos y él era capataz de uno de ellos, aunque admite que no sabía lo que estaban haciendo: fue nombrado en ese cargo no por su conocimiento, sino por ser blanco. Para sacar el máximo provecho de sus trabajadores, el agricultor les asignaba tareas todos los viernes y les decía: "Tan pronto como hayan terminado, tendrán el resto del fin de semana libre". Sin embargo, las tareas siempre eran más extensas de lo que ellos eran capaces de terminar en un día y hasta copaban todo su fin de semana.

Un viernes, el granjero le dio al equipo la tarea de vaciar un humedal inmenso; sería un trabajo que tomaría todo el fin de semana. Harto, y sintiéndose agraviado y con ganas de desquitarse, Clifford decidió divertirse y darle al granjero una pequeña lección. Primero, acordó con su equipo que se levantarían a las 2 a.m.; luego, se las arregló para contactar a otros trabajadores de las granjas cercanas que no estuvieran trabajando en ese momento y les propuso que le ayudaran. Todos estuvieron listos para comenzar su labor desde bien temprano en la madrugada, guiando tranquilamente los tractores y los Land Rovers hasta el humedal; hacia las 6 a.m., todo pareció indicar que finalizarían el trabajo a las 8 a.m. Pensando en que este logro era digno de celebración, uno de los miembros del equipo decidió ir a la carnicería local y comprar un cordero; por supuesto, todos los que ayudaron esa mañana se reunieron a las afueras de la casita de Clifford para disfrutar de una barbacoa de desayuno (o un *braai*, como dicen en Sudáfrica).

Hacia las 9 a.m., el agricultor llegó a la granja y encontró a toda su fuerza de trabajo descasando, riendo, bromeando y sin trabajar aunque (pensó él) aún tenían que completar su tarea. De inmediato, señaló a Clifford como el culpable de la situación y comenzó a reprenderlo:

"¡Esto es típico de ti, Clifford! ¡Estás minando la disciplina en la granja!", le dijo agregando otras frases por el estilo. De alguna manera, en medio de este aluvión, y a pesar de su juventud y del hecho de que sufría un impedimento del habla, Clifford logró expresarle con total calma y claridad: "No sé por qué se molesta tanto si hace mucho rato que terminamos el pequeño e insignificante trabajo que nos asignó".

Ante estas palabras, todo el personal estalló en carcajadas. El granjero, su autoridad y su estatus habían quedado completamente socavados, así que no soportó las burlas y le dijo: "¡Se acabó! ¡Tuve suficiente de ti! ¡Tendrás que irte de esta granja en dos horas y no creas que volverás a conseguir otro trabajo en alguna granja en este distrito, ni en cualquier otro lugar!".

El crecimiento establece el escenario
para un futuro más grande

Entonces Clifford hizo las maletas y empezó a andar por el polvoriento camino que conducía a las afueras de la granja, esperando un autobús; y en un instante, tuvo una revelación que le dio forma a toda su vida desde ese momento en adelante: se dio cuenta de que el poder del *apartheid* no descansaba en el gobierno, ni en la policía, ni en el ejército; yacía en todas estas personas, en los granjeros y en todos los que en realidad eran verdaderos instrumentos del *apartheid*; allí comprendió que si el poder estaba en todas partes, entonces todos tenían la oportunidad de darle forma a su propio entorno.

Clifford pasó a convertirse en un erudito respetado a nivel mundial y su interés se centró en cuestiones de seguridad. Décadas después del incidente en la granja, la comprensión que él obtuvo al hacer las preguntas que le surgieron ese día jugaría un papel clave en la creación de las condiciones que permitieron que las primeras elecciones democráticas de Sudáfrica, en 1994, tuvieran lugar en completa paz. La fuerza laboral de la que él había hecho parte le había mostrado una forma, junto con su experiencia e investigaciones, de que era posible que las elecciones transcurrieran pacíficamente, según fuera la manifestación pacífica de sus participantes. Como resultado, hubo muy poca necesidad de la policía antidisturbios, lo cual significó que se evitaron enfrentamientos brutales que hubieran podido ser fatales para los nuevos esfuerzos que estaba haciendo el país por crear democracia.

Si Clifford hubiese cumplido su tarea a regañadientes, es probable que su vida hubiera tomado un rumbo muy diferente y no habría llegado al punto de poder hacer esa contribución. Entonces, aunque Clifford perdió su trabajo en la granja, tuvo una visión y un conjunto de preguntas que lo llevaron a una vida de descubrimiento y contribución.

El juego que te atrapa

Encontrar una forma de incluir el deleite en el desarrollo de nuestro trabajo compromete nuestra creatividad y nos da la sensación de que tenemos el control; así evitaremos la posibilidad de sentirnos oprimidos por alguna tarea específica. Este sentimiento genera en nuestra mente el deseo de hacer nuevos descubrimientos acerca de nosotros mismos, y tal vez, como en este caso, nos sirve para encontrar el valor y la fuerza de carácter que no sabíamos que teníamos. Si consideras que la vida es un juego en el que el crecimiento es el objetivo principal, siempre estarás en el estado de ánimo adecuado para participar y disfrutar de la aventura de vivir, independientemente de lo que esta conlleve.

Nunca se sabe lo que sucederá cuando tu nivel de deleite en lo que haces es mayor que tu esfuerzo, pues tu espíritu de diversión sacará a la luz notables cualidades que yacen dentro de ti e inspirará a otros de maneras difíciles de prever. Acercarte a cualquier meta que quieras lograr con esta actitud hará que, definitivamente, te sea más fácil atraer a otros para que te ayuden. Es obvio que hacer algo divertido anima a quienes te rodean a involucrarse contigo y a querer ser parte de tu plan.

Chad Johnson, un empresario de Oregón, es un maestro en este arte. Cuando era niño, siempre inventaba juegos y desafíos para sus muchos hermanos y primos con el fin de mantenerlos entretenidos y aprendiendo. Incluso comenzó su propio circo cuando tenía 9 años; lo hizo con los niños como artistas y los adultos locales como audiencia. Con el tiempo, ya en su propio hogar, tanto para él como para su esposa y sus 11 hijos, la limpieza después de las comidas se convertía en una labor descorazonadora, así que Chad la transformó en un juego. Lo llamó SCAMP "Speedy Clean After Meal Party" –limpieza rápida después de una comida divertida– y el objetivo era restaurar en 15 minutos y por completo el orden y la limpieza de la cocina y el comedor. Como Chad solía ser bombero, siempre conservaba algunos elementos militares y los incluía en sus juegos. Cada vez que era necesario jugar SCAMP, uno de los niños tenía la oportunidad de ser el líder. Todos formaban parte del equipo y lo hacían con ánimo; luego, se activaba el temporizador, encendían la música y todos y cada uno comenzaban a realizar la labor que le había sido asignada antes de empezar y nadie se ausentaba hasta que todos hubieran terminado. Si alguien terminaba antes que los demás, el "equipo" podía asignarle trabajos adicionales y los niños más grandes les ayudaban a los más pequeños a asegurarse de que terminaran a tiempo. Como resultado, no solo la limpieza era relativamente libre de estrés y diversión, sino que los niños también aprendían de liderazgo, responsabilidad y trabajo en equipo.

Tus capacidades únicas te ayudarán a crecer

Hay otra razón importante para procurar que el deleite en lo que hacemos sea siempre mayor que nuestro esfuerzo: las actividades en las que somos mejores y más apasionados, que nos ofrecen las mejores oportunidades para nuestro mejoramiento y crecimiento sin fin, son las que nos causan mayor diversión. En Strategic Coach, llamamos a estas "tus actividades de capacidad única". Cada persona tiene una capacidad única y la mejor oportunidad para hacerle una contribución al mundo proviene de descubrir cuál es esa habilidad y encontrar maneras de generar con ella un valor mayor para aportarle al mundo.

A menudo, muchos se quedan atrapados haciendo aquello en lo que son muy buenos, pero no apasionados. Y aunque estos esfuerzos suelen traer recompensas, no les brindan diversión, ni crecimiento significativo a largo plazo. Cada ser humano tiene la capacidad de mejorar de alguna forma realizando actividades para las cuales no tenga pasión, pero nunca estará motivado para crecer en estas áreas de la manera en que sí crecería si se involucrara en aquello que realmente ama hacer. Entonces, si no estás enfocado en desarrollar tus habilidades en lo que en verdad disfrutas, lo más probable es que estés haciendo algo que no te ofrece las mejores oportunidades para desarrollar un crecimiento productivo que te permita hacer una contribución valiosa y única, la cual generarías si te centraras en involucrarte en lo que de verdad te encanta hacer.

Vemos así que, por ejemplo, es muy frecuente que los empresarios se dejen atrapar en la administración de sus equipos y en el manejo de detalles que sería mucho mejor dejarlos en manos de otros; por este motivo, no se enfocan en fortalecer las relaciones con los clientes, ni en elevar las ventas o en idear soluciones innovadoras, las cuales serían actividades que les ayudarían a incrementar sus resultados. Es fácil convencerte a ti mismo de que estas otras tareas son necesarias, y a veces lo son, pero ¿tienes que hacerlas tú mismo? En ocasiones, la respuesta es sí; pero a menudo, con un poco de honestidad y creatividad, bien podrías delegarlas, hacerlas de otra forma o eliminarlas del todo. En otras palabras, si descubres que tu esfuerzo es mayor que tu diversión al hacer las cosas, esa suele ser una señal de que estás haciendo algo que sería mejor que no hicieras.

Haz lo que amas y encuentra formas de agregarle diversión; así, descubrirás oportunidades de crecimiento continuo que no sabías que existían.

¿Dónde empiezo?

→ *Utiliza objetivos medibles y desafíos que te ayuden a convertir tus tareas en juegos*

Nos gusta utilizar una técnica que llamamos *sprint* y que consiste en dividir grandes tareas en etapas pequeñas y manejables para luego convertirlas en un juego. La idea con cada sprint es establecer un objetivo medible y luego desafiarte a ti mismo a terminarlo en un tiempo determinado. Para Dan, un buen sprint sería escribir una página en 20 minutos. Si la termina en 10, estaría por delante del juego. Lleva un registro de tus resultados y, si lo deseas, gánate un premio por lograr tu objetivo. A medida que te desafíes, no solo lograrás que sea más divertido hacer tareas que de otra manera parecerían repetitivas o desalentadoras, sino que también generarás una mayor motivación para encontrar mejores formas de hacer las cosas. Intenta configurar un juego en el que puedas ganar y que aun así te impulse a esforzarte un poco más de lo normal. Verás que te ayudará a completar tu tarea y a crecer mientras lo haces.

→ *Procura innovar formas más agradables de obtener el resultado que deseas*

Este paso tiene mucho que ver con la actitud. Si comienzas con la idea de que lo que vas a realizar será disfrutable en lugar de penoso, estarás generando un disfrute directo en esa actividad. El juego SCAMP de Chad Johnson es un ejemplo de esto. Pregúntate: "¿Qué puedo hacer para lograr que esto que estoy haciendo o voy a hacer sea más divertido?". Si no tienes muchas ideas, pídeles ayuda a otros a través de una comunidad en línea como Quora o Facebook o preguntándoles de manera tradicional a otras personas; verás que te darán sugerencias mediante las cuales disfrutarás desarrollando tu proyecto.

→ Usa el "nivel de disfrute" como filtro

A menudo, vemos personas renuentes a dejar de hacer cosas que no les gustan porque tienen la idea de que "hacer lo que no les gusta es solo una parte de la vida" o que "no es justo dejar que este horrible trabajo" lo haga alguien más. Te daremos una perspectiva diferente: una cosa que hemos aprendido en nuestro trabajo con las habilidades únicas es que, como todos las tenemos y cada persona es diferente (por lo tanto," única"), lo que a ti no te gusta es inevitable que a otra persona le genere pasión, ¡de modo que al aferrarte a eso que te desagrada en realidad estás privando a otra persona de hacer lo que ella ama! El truco es encontrar a esa persona. Los empresarios ocupados que no soportan el hecho de tener que organizar a menudo se sorprenden al descubrir que hay personas que sí disfrutan de la oportunidad de crear orden a partir de un caos. Si estás interesado en descubrir cuál es tu propia capacidad única y aprender sobre herramientas que podrían ayudarte a identificar a otras personas que disfrutan haciendo lo que tú no haces, visita lifetimegrowth.com, strategiccoach.com o amazon.com y busca *Unique Ability 2.0: Discovery*, nuestro libro completo, junto con la cartilla de trabajo que te guiará a través del proceso que hemos estado utilizando por más de 15 años para ayudar a nuestros clientes a descubrir su habilidad única.

→ *Reconoce que es posible divertirte y que aun*
  así te tomen en serio

En Strategic Coach, tenemos muchos clientes y miembros del equipo que son excelentes en lo que hacen y además muy divertidos. Si la gente te critica por divertirte demasiado cuando estás haciendo tu trabajo, o piensa que no trabajas lo suficiente porque pareces estar divirtiéndote más de la cuenta, ese viene siendo un buen momento para que evalúes con toda seriedad si ese en verdad es el ambiente en el que desearías permanecer. En los lugares de trabajo que saben cómo fomentar y apreciar el crecimiento de sus empleados, verlos disfrutando de sus labores es la norma, no la excepción.

LEY

7

Haz que tu cooperación sea siempre mayor que tu estatus

La cooperación es esencial para permanecer en constante crecimiento. Cuando la gente se reúne en torno a un propósito común, logra resultados que ningún individuo lograría estando solo. Trabajar con otros y crear oportunidades para que haya una mayor cooperación hace que todo sea posible en nuestra vida y en el mundo. Todavía hay quienes asumen erróneamente que si trabajan con otros o si tratan a los compañeros de trabajo como valiosos contribuyentes, la gente pensará menos de ellos o disminuirá u oscurecerá el valor de su propia contribución. El apego de algunos a su estatus les impide cooperar con los demás y le pone techo a su crecimiento. Haz que tu cooperación sea siempre mayor que tu estatus y encontrará infinitas posibilidades y vínculos para combinar tus oportunidades y tus talentos con los de los demás.

Hay gente que nace con estatus: miembros de familias reales, hijos de celebridades, de clases superiores en entornos sociales donde las estructuras de clase todavía marcan diferencias. Sin embargo, para la mayoría, el estatus se produce a medida que cada quien aumenta sus logros y formas de contribuir; y es así como obtienen reconocimiento. Si bien no hay nada de malo en ser reconocido, si tu objetivo principal es lograr o preservar un nivel de estatus, te aislarás de una fuente crucial para cumplir tus metas y alcanzar un crecimiento de mayor alcance: la cooperación con los demás.

Enfócate en las contribuciones de los demás y no en tu estatus

Cooperar y facilitar la cooperación mutua no significa que tengas que aceptar todo lo que otros digan, ni responder a sus necesidades. También consiste en centrarte en un objetivo común y permitir que todos aporten su mejor contribución. Cuando las personas anteponen sus necesidades de estatus al deseo de cooperación, sus agendas personales se convierten en obstáculos para el progreso. El acto de preservar el estatus implica nunca parecer estar equivocado, tomar siempre crédito por lo realizado y mantener a todo instante la apariencia de superioridad sobre los demás. Todo esto consume mucha energía y además se interpone en el camino de lograr resultados innovadores.

Cambia estatus por resultados

Un campo en el que se ve a mucha gente proteger y aumentar su estatus es el de la política. Después de todo, la política es cuestión de poder y, por lo general, el estatus produce poder. Los políticos confían en su estatus frente a los ojos del público para ser elegidos y también lo usan a los ojos de otros que también tienen poder. Es por eso que Ruth Samuelson se destacó tanto en su acercamiento a la oficina del comisionado del Condado de Mecklemburgo, en Carolina del Norte. Ruth se metió en la política para crear resultados y en corto tiempo comenzó a ver que la forma de lograrlos era interesándose en conocer a las personas, y en especial, a las más propensas a oponerse a ella. Así que, incluso antes de anunciar que saltaría a la arena política, se dedicó a esa tarea agendando reuniones con toda la gente influyente que podría oponerse a su candidatura. A cada uno le hizo preguntas como: "¿Qué peligros crees que enfrenta la gente del Condado de Mecklenburg?", "¿Qué oportunidades ves disponibles para nosotros como comunidad?", "¿Qué te preocupa con respecto a mi candidatura para el cargo?". Ese ejercicio les dio a sus oponentes potenciales la oportunidad de sentir que ella los estaba escuchando; además, se dieron cuenta de que tenían ideas afines con ella sobre muchos asuntos importantes. Al final, no lograron encontrar a nadie opuesto a ella para lanzarse a la candidatura.

La cooperación comienza con la conversación

Más tarde, cuando Ruth ya estaba ejerciendo el cargo y surgieron problemas, logró obtener resultados haciendo que los votantes cooperaran, incluso si provenían de diferentes partidos o tenían intereses diferentes, porque ella era conocida como alguien que los escucharía y cooperaría con ellos. Fue Ruth quien estuvo dispuesta a decir: "Está bien, ¿qué es lo que necesitas en esta circunstancia y qué puedo hacer para obtener lo que tú necesitas y que tú me ayudes a obtener lo que yo necesito para que ambos terminemos con un mejor objetivo en lugar de luchar y oponernos el uno al otro". Ruth entendió que la cooperación comienza con la conversación: haciendo preguntas inteligentes y abiertas; escuchando; respetando las opiniones de los demás; comprendiendo sus verdaderas preocupaciones, así como las oportunidades que más les entusiasman y las fortalezas que ellos tienen para ofrecer. Con esta información a mano, Ruth supo encontrar un terreno común para lograr la comunicación y el acuerdo que otros políticos casi nunca logran.

Algunos de los trabajos más efectivos que Ruth realizó estaban fuera de toda expectativa. En silencio, supo encontrar maneras creativas para que otros políticos y gente influyente pusieran sus egos y afiliaciones políticas a un lado y prefirieran cooperar ayudando a crear los mejores resultados posibles para los electores. Esto a menudo tiene que hacerse detrás de escena. Por ejemplo, sin fanfarrias, Ruth se las arregló para ayudar a organizar la mudanza de un juzgado cuyo costo fue de $160 millones; esa fue una iniciativa que les ahorró a los contribuyentes decenas de millones de dólares y logró convertirla en realidad al cooperar con miembros del partido político opuesto y del Condado. Por razones sobre todo estéticas, el Palacio de Justicia debía construirse en un lugar que requeriría la destrucción y reubicación de otras muchas estructuras. En cambio, en la nueva ubicación, el Condado podría construir un edificio mucho mejor, por mucho menos dinero y con muchas menos complicaciones.

¿Por qué nadie más había visto esta mejor solución? Porque nadie había hecho las preguntas que Ruth sí formuló. Cuando se dio cuenta de lo que estaba sucediendo, de inmediato ella entró en acción para reunir en privado a las partes que necesitaban cooperar para elaborar la solución. Si la hubiera hecho públicamente, la política habría entrado en escena con mucha más fuerza y la cooperación entre los diversos partidos y funcionarios no hubiera sido posible. Debido a que los participantes en el asunto pudieron dejar de lado cuestiones relacionadas con el Estado y trabajaron juntos para lograr el bien común, se evitó un potencial desorden político que hubiera generado una eficiencia relativa.

El enfoque único de Ruth le representó un raro grado de confianza de parte de todos los lados y le ayudo a adquirir una reputación de compromiso con la búsqueda de la mejor solución para el público. Su creatividad en el fomento de la cooperación donde ninguno parecía posible, y los resultados que ha podido obtener para la gente del Condado de Mecklenburg, han hecho crecer su confianza sobre lo que es posible convertir en realidad. Su último proyecto es un especial de PBS sobre la Historia de los afroamericanos en Charlotte, Carolina del Norte, por el cual recaudó fondos para ayudar a reducir la tensión racial local. Una vez más, el proyecto se basa en la idea de que la comprensión mutua conduce a una mayor cooperación.

Y además, Ruth decidió quitar su nombre de todos los materiales de financiación porque su afiliación política estaba atrayendo la resistencia de los líderes de la parte contraria. Hoy en día, hacer que su cooperación sea más grande que su estatus es un hábito que le da a Ruth poder de persuasión, junto con cierto tipo de eficacia que, constantemente, le abre más y más oportunidades de colaborar con su comunidad.

Aplica el modelo de cooperación creciente

A menudo, los emprendedores que obtienen grandes resultados a través del uso de la cooperación creciente son percibidos como una amenaza por aquellos que están preocupados por preservar el estatus. Si te centras en el estatus, consciente o inconscientemente, es muy difícil incluso entender cómo quienes trabajan de forma más cooperativa obtienen sus resultados. Te arriesgas a que te pasen por alto o te sorprendan personas que vienen de la nada y te superen, robándose por el camino tus elogios. Lo molesto es que esa ni siquiera es la parte que les importa. Ellos solo están ahí buscando crecimiento.

Jonathan B. Smith es uno de esos triunfadores. Al igual que Ruth, él saber cómo obtener energía de la creación de resultados y le encanta aprender en el proceso. Jonathan estaba recaudando dinero para la Sociedad de Leucemia y Linfoma a través de un programa que les permitía a los recaudadores de fondos hacer un viaje si recolectaban una cierta cantidad. Se le sugirió que enviara cartas para solicitar donaciones y luego hiciera un seguimiento con llamadas telefónicas. Estadísticamente, solo una de cada cuatro cartas enviadas en una campaña de recaudación de fondos da como resultado una donación.

Jonathan posee una compañía que se especializa en mercadotecnia vía Internet para sitios web y le encanta encontrar formas de usar herramientas en línea para resolver problemas. Así que, de inmediato, comprendió que tener un sitio web para recaudar fondos generaría más donaciones que una campaña de cartas porque la gente podría, simplemente, transferir su dinero en línea en lugar de tener que enviar un cheque que, a menudo, muchos olvidan hacer después de haber sido contactados vía telefónica o por escrito.

Convencido de que esta estrategia funcionaría de maravilla, decidió probar su teoría por simple diversión y trató de recaudar suficiente dinero a través de un sitio web. Así que diseñó el sitio y luego comenzó a llamar a sus amigos para presentarles la posibilidad de participar haciendo sus donaciones con la opción de ganar un viaje. Pero este enfoque se limitaba a su esfera de influencia directa: las personas que él conocía y que podía llamar. Por lo tanto, tan pronto como se dio cuenta de que ya había recaudado suficiente dinero de sus amigos y familiares, le aplicó su conocimiento de marketing de motores de búsqueda a su sitio web para que otras personas en Internet que estuvieran buscando hacer donaciones también pudieran encontrarlo fácilmente y participar en el proyecto.

La estrategia comenzó a funcionar de inmediato. Las donaciones fluyeron de extraños quienes, además, hacían preguntas y comentarios con respecto al sitio de la Sociedad de Lucha contra la Leucemia y el Linfoma, y lo que la gente estaba buscando en él. En pocas palabras, inesperadamente, su sitio web se había convertido en un centro de encuentro para todos los interesados en hacer sus donaciones a la Sociedad de Leucemia y Linfoma, y más fácil y rápido que nunca. Jonathan había logrado facilitar ese proceso y abrir un valioso diálogo.

A través de sus preguntas, comenzó a ver qué era lo más importante para los donantes y modificó su sitio para satisfacer sus necesidades. Uno de los primeros elementos en quitar fue su foto. A la gente no le importaba quién era Jonathan. Lo que todos querían saber era: "¿Cuál es la dirección de la Sociedad de Leucemia y Linfoma? Tengo conmigo mi chequera y quiero hacer una donación ahora mismo". Así que Jonathan puso esta información en el sitio y también les facilitó a sus usuarios la donación directa en línea. Además, encontró respuestas a preguntas como: cómo recibir un reconocimiento por una donación, cómo donar un automóvil o un bote, dónde donar el cabello.

Toda esta información encontró un lugar en el sitio web, pero hacer donaciones, que era la preocupación número uno, se mantuvo al frente y en el centro de la información.

Mediante esta cooperación con los posibles donantes, Jonathan creó un vehículo de recaudación de fondos en línea altamente eficaz. Esto causó que algunas personas en la Sede Nacional de la Sociedad de Leucemia y Linfoma cuestionaran sus motivos. Aunque todos los fondos eran para la entidad, sus directivos querían saber por qué él estaba gastando su propio dinero y tiempo para recaudar dinero para la sociedad y por qué debería permitírsele tener su propio sitio. Ellos estaban particularmente perturbados porque su sitio estaba alterando el sistema tradicional de los medios de recaudación de fondos basados en el Estado, ya que atraía donaciones de todo el país sin importar la ubicación de los donantes.

Además, tanto el sitio web de Jonathan como su éxito estaban representando una amenaza para el estatus de los recaudadores de fondos pagados por la sociedad, cuyo trabajo era recaudar "obsequios importantes": donaciones de más de $10.000 dólares. A ninguno de ellos le cabía en la cabeza que alguien sin infraestructura lograra obtener una donación de $50.000 dólares en Michigan de un donante en Texas que no habían podido convencer a través de los canales tradicionales. La clave en este caso particular fue que el donante había querido hacer el regalo el 29 de diciembre y que el recibo de impuestos se emitió para el mismo año. En cambio, hacerlo en línea, en el sitio de Jonathan, le permitió estar seguro de que le sería emitido en el debido momento.

Para ser justos con la Sociedad de Leucemia y Linfoma, la mayoría de las estructuras burocráticas impide la cooperación a cualquier nivel porque parecieran estar diseñadas para afianzar la jerarquía y la necesidad de preservar el estatus.

Cuando el estatus es producto de los resultados

En 2004, después de recaudar $300.000 dólares para la Sociedad de Leucemia y Linfoma, Jonathan fue nombrado el Hombre Nacional del Año y además recibió The Chairman's Citation, una nominación que, normalmente, está reservada para científicos e investigadores que han hecho contribuciones notables. Este reconocimiento fue muy agradable para él, pero no lo más importante. Y lo más emocionante de todo fue lo poderosa que resultó ser la Internet como herramienta para facilitar la cooperación entre personas que ni siquiera se conocían entre sí hasta que todas realizaron una búsqueda en línea. Diagnosticado con diabetes en agosto de 2004, Jonathan hizo un trato con su médico para crear un sitio web similar, solo que enfocado en recaudar fondos en pro de la diabetes. Así que se dedicó a, primero que todo, elaborar el plan, para después centrar toda su atención en la consecución de resultados; todo esto, haciendo lo que él mejor sabe hacer: usar la Internet para facilitar que las personas resuelvan sus problemas y suplan sus necesidades.

Se dice que todos somos capaces de lograr cualquier clase de resultados en este mundo siempre y cuando no nos importe quién obtendrá el crédito. Si permites que el estatus sea un subproducto de los resultados que creas a través de brindar tu cooperación sin límites, mantendrás el camino abierto para tu crecimiento continuo.

¿Dónde empiezo?

→ *Se honesto con respecto a tus motivos*

¿Cuál es tu verdadera motivación para estar haciendo lo que estás haciendo? ¿Se trata de ti y de buscar tu propio beneficio? ¿O se trata de trabajar a favor de un resultado que beneficie a los demás? ¿A qué estás más comprometido? ¿Qué dice tu comportamiento? A veces, nos sorprendemos con las respuestas que obtenemos frente a estas preguntas. Si tu ego o tu necesidad de estatus se interponen en el camino de crear el mejor de los resultados para los demás, ten en cuenta que estas actitudes te mantendrán estático, con la posibilidad de ser superado por alguien que sí esté comprometido y enfocado por completo en obtenerlos. Ahora, si es verdad que estás comprometido con los resultados, pero aún te sientes a la defensiva con respecto a tu estatus, échale un vistazo al asunto y trata de evaluar lo que esta actitud te está costando en términos de tiempo, energía y recursos. ¿Qué tan válido es tu "argumento de defensa"? ¿No crees que si redirigieras tu enfoque de una manera más cooperativa, lograrías presentar resultados que hablen por sí mismos?

→ *Aprecia e incluye los talentos y las contribuciones de los demás*

Nos referimos tanto al hecho de poner en práctica la gratitud proactiva –apreciando que hay otros que también están en capacidad de contribuir y que sus contribuciones influirán en la obtención de un mejor resultado– como a la posibilidad de abrirnos hacia adoptar la actitud de querer brindarles a los involucrados el acostumbrado y apreciado agradecimiento consistente en decirles: "Muchas gracias por lo que han hecho a favor de la causa". Nadie quiere cooperar con gente cuya tendencia es tratar de tomar todo el crédito por los esfuerzos de los demás. Si tú estás generando una solución para ayudar a una persona, a un grupo o a una entidad, como hizo Jonathan con los donantes y Ruth con los electores de su Condado, asegúrate de reconocer que ellos también tendrán una contribución muy importante que hacer. Hazles preguntas y mantente abierto a escuchar sus respuestas. Mientras mayor sea la colaboración que exista entre las personas con determinado problema y quienes intentan brindarles una solución, más efectiva será la solución. Las soluciones efectivas son las que elevan el estatus de las personas, –o por menos, son una buena razón por la cual lo incrementan.

→ *Procura estar a cargo en lugar de tener el control. El liderazgo más poderoso y efectivo consiste en estar a cargo, no en control*

¿Cuál es la diferencia? Es evidente que estar a cargo implica comunicar visión y objetivos y apoyar a tu equipo para obtener el resultado deseado. Tener el control implica que tú necesita conducir personalmente cada parte del proceso y dictar cómo se hacen las cosas. Si crees que tienes que tener el control de todo, reprimirás la creatividad, la confianza y la cooperación existente entre los miembros del equipo, los cuales fluirían naturalmente si les permitieras hacer uso de sus talentos para descubrir maneras diversas y mejores de lograr un objetivo común. Existen buenos libros en el mercado sobre "liderazgo de servicio". Te brindarán orientación sobre cómo ser este tipo de líder.

LEY

8

Haz que tu confianza sea siempre mayor que tu comodidad

Aumentar la confianza es crucial en el proceso de crecimiento constante. Muchos emprendedores exitosos comienzan su vida como soñadores y tomadores de riesgos, pero en el momento en que tienen éxito tienden a buscar mayor seguridad y comodidad en otros aspectos de la vida. Esta actitud los pone a dormir motivacionalmente y es así como pierden la confianza que los hizo tan exitosos al inicio de sus carreras. Lo que esto significa es que la seguridad y la comodidad deben ser subproductos deseables del logro de los objetivos, pero cuando se convierten en el objetivo en sí, detienen el crecimiento en gran medida. Procura tomar tu aumento de comodidad como solo una etapa temporal que te permitirá establecer metas más grandes. Si luchas sin descanso para cumplir objetivos y logros más altos, verás que tu confianza siempre será mayor que tu comodidad.

Todo crecimiento requiere que nos estiremos más allá de donde hemos estado antes. Al hacerlo, aumentaremos nuestra confianza en la capacidad que tenemos para asumir nuevos desafíos. Nuestro compromiso de buscar niveles más altos de confianza nos da el valor de superar el miedo y mantenernos en movimiento, realizando siempre el sueño de alcanzar un futuro mejor.

Los descansos cortos generan confianza

Para aumentar la confianza también es necesario que, cada cierto tiempo, nos tomemos "descansos confortables". Nos referimos a períodos de quietud durante los cuales nos demos el gusto y el lujo de reconocer y celebrar nuestros propios logros. Esta práctica nos rejuvenece y nos ayuda a sentirnos preparados para afrontar el siguiente desafío – sentimiento clave para abordar una nueva meta llenos de confianza–. Tomémonos el tiempo para decirnos a nosotros mismos: "He hecho esto y he demostrado que soy capaz de hacerlo. Ahora, ¿qué más necesito para llevar a cabo mi siguiente plan?".

El crecimiento continuo requiere de nuestra parte que logremos el equilibrio necesario entre estirarnos más allá de donde nos sentimos cómodos, llevar nuestra confianza a nuevos niveles y tomar descansos que nos generen confort en medio de esos nuevos niveles para así comenzar a sentirlos como un proceso cada vez más lógico y normal.

Es muy parecido a ejercitar nuestros músculos: si con frecuencia elevamos nuestros límites físicos sin haber descansado, correremos el gran riesgo de sentir agotamiento, lesiones o, como mínimo, el riesgo de llegar a un punto en que nuestro rendimiento se torne decreciente y un mayor esfuerzo tan solo nos produzca cada vez menos y menos progreso. Pero si nos detenemos durante demasiado tiempo, perdemos fuerza e ímpetu e incluso la agilidad que hemos adquirido. El truco es saber mantener el descanso lo suficientemente corto como para no perder el impulso; de lo contrario, nuestra confianza comenzará a desaparecer y nos será difícil ponernos de nuevo en marcha. Quedaremos atrapados en la comodidad y esta se habrá convertido en un obstáculo para nuestro crecimiento.

Transforma el miedo en acción

El mayor desafío para salir de nuestra zona de confort es siempre el miedo: tememos fallar; tememos que otros descubran que no somos tan buenos como ellos pensaban que éramos; tememos perder algo importante; tememos que la gente no entienda lo que estamos haciendo; y la lista de temores sigue y sigue. Por todo lo anterior, el valor es la capacidad de transformar estos miedos en pensamiento y acción enfocados. Los nuevos niveles de capacidad son la recompensa por seguir avanzando con valentía, incluso cuando nos sintamos incómodos o desalentados; la buena noticia es que al sentirnos con nuevas y mayores capacidades, aumentará nuestra confianza. Si admiras a alguien que demuestra tener alto nivel de confianza en una cierta área, y te imaginas allí en el futuro, la manera de llegar a ese mismo punto es dejando atrás la comodidad y adquiriendo el compromiso de afrontar con valentía lo que sea necesario para construir esa capacidad.

Incluso algunos triunfadores exitosos todavía experimentan miedo cuando están en el proceso de adquirir una nueva capacidad; pero aun así, finalmente aprenden a no dejarse amedrentar en el camino. Para ellos, no desistir implica que el desafío es tan grande y significativo que bien vale la pena afrontarlo.

Dan Taylor, de quien leíste en el quinto capítulo, creía en asumir grandes desafíos para aumentar su confianza. Basado en esa premisa, él quería hacer algo especial junto con su equipo para celebrar sus 50 años en octubre de 2002. Como resultado, entre todos decidieron planear cinco eventos que realizarían durante las cinco semanas previas a su cumpleaños. Incluyeron: correr un tramo de 26 millas de rápidos clase IV y V en el río Gauley, en una balsa de cuatro personas con un guía; ir en un paseo en bicicleta de 100 millas; correr la Maratón de Chicago; caminar 50 millas en un día; y nadar 5 millas. Ninguno de los miembros del equipo tenía experiencia en ciclismo, ni en rafting, ni en natación a larga distancia. Lo máximo que cualquiera de ellos podía correr era de 3 a 5 millas a la vez; sin embargo, en cinco meses correrían una maratón: 26 millas. El plan parecía ser un gran desafío.

Ahora, cualquiera se preguntaría ¿por qué alguien en su sano juicio —sobre todo alguien que no tiene mucho tiempo libre porque está dirigiendo un negocio, entrenando y creando nuevos programas de enseñanza— querría asumir un reto que requiere de tanto trabajo y preparación solo para celebrar su cumpleaños? La respuesta es que Dan genera una energía tremenda cuando se trata de enfrentar desafíos. Era importante para él en este momento de su vida evaluar si sería capaz de hacer todas estas cosas. Y una vez que la idea estuvo en su cabeza, se volvió normal hablar de ella. Juntos, él y el equipo, trazaron un plan de entrenamiento de cinco meses que los hizo aumentar gradualmente su capacidad para correr, nadar y montar en bicicleta.

Para que tu confianza sea mayor que tu comodidad es necesario que asumas nuevos desafíos a pesar de los temores que sientas. Cada vez que tengas éxito, experimentarás un nuevo sentido de lo que es normal para ti y esa será tu nueva plataforma para avanzar en tu crecimiento y en tus logros. Piensa en ello como la construcción de un conjunto de escaleras. Verás que los grandes logros que parecían imposibles de alcanzar cuando apenas ibas en los primeros peldaños se vuelven alcanzables a medida que desarrollas niveles de confianza cada vez más altos.

En octubre, después de mucho entrenamiento, Dan se esforzó hasta el límite, tanto en el aspecto físico como en el emocional. Completó todos los eventos excepto uno: durante la competencia de natación, de 5 millas, solo pudo nadar 3; esto debido a que se enfrentó a olas de seis pies y luego hubo un aviso para informar que se aproximaban pequeñas embarcaciones a la zona. Él describe el evento de natación entre aguas bravas como una experiencia de "terror puro", pero logró superarlo. Semana tras semana, evento tras evento —estar solo consigo mismo en la bicicleta, nadar contra grandes olas, caminar 50 millas y correr la maratón— lo llevaron a confiar cada vez más y a llevar sus capacidades tanto físicas como mentales a nuevos niveles.

Poco a poco, la nueva rutina de ejercicios se fue volviendo normal para Dan; después de esta experiencia, llegó a correr de 22 a 30 millas a la semana; montaba en bicicleta de 50 a 100 millas a la semana; nadaba durante 2 horas a la semana; y además, hacía entrenamiento de fuerza. Todo esto le proporcionó gran confianza en su calidad de vida a nivel físico; y paralelamente, seguía persiguiendo sus otras metas. Otros dos miembros de su equipo, ninguno de los cuales había corrido una maratón antes, completaron la Maratón de Chicago, el rafting en el río y actuaron como observadores en la prueba de natación de Dan. Inspirado por su nuevo régimen de entrenamiento para asumir un desafío aún mayor, uno de ellos dos logró a completar el Triatlón Ironman al año siguiente.

Escapa de la trampa del confort

Entonces ¿cómo sabes si estás atrapado en una trampa de confort? Por lo general, si eres realmente honesto contigo mismo, tú sientes cuando tu crecimiento se está desacelerando y es momento de asumir alguna nueva meta. El ejercicio al final de este libro te ayudará con este tipo de reflexión. La vida comienza a sentirse demasiado fácil o rutinaria y comienza a perder la sensación de significado y emoción que alguna vez tuvo. Tal vez, comenzarás a sentirte aburrido o inquieto; te encontrarás preguntándote a ti mismo: "¿Esto es todo lo que hay?". Sin embargo, incluso experimentando estos sentimientos de molestia, a veces somos muy buenos para autoconvencernos de que donde estamos, estamos bien; sobre todo si donde estamos es cómodo y las alternativas de crecimiento son menos cómodas. Usamos muchas justificaciones y distracciones para reforzar nuestra decisión de permanecer quietos. Y cuando lo hacemos, terminamos vendiendo nuestros sueños a cambio de consuelo.

Solo hay una manera de escapar de la trampa de la comodidad y es dejando de lado todo lo que te está adormeciendo para que no desees aceptar un nuevo desafío, bien sea grande o pequeño, en pos de construir y aumentar tu confianza. Algunas veces, se requiere una gran crisis de vida que genere en nosotros el ímpetu para hacer estos cambios. Pero a menudo, el impulso que vemos en alguien que está trabajando en función de su potencial (o incluso un libro como este) es suficiente para que nos demos cuenta de lo que nos estamos perdiendo y queramos volver a ponernos en movimiento y dar el siguiente paso de crecimiento.

Lisa Pijuan-Nomura (a quien presentamos en el capítulo 3) era una bailarina que dejó de bailar. Dirigía un programa de alfabetización que le ofrecía más estabilidad mediante un salario fijo y que además estaba relacionado de alguna manera con uno de sus objetivos a largo plazo, que era trabajar con libros para niños. Al menos, su labor la hacía sentirse tan involucrada en ella que solía decirse a sí misma que esa había sido una buena decisión y que ese era un trabajo respetable.

Aun así, una noche tuvo un sueño con una de sus mentoras de baile, una mujer llamada Karen Kaeja. Al día siguiente, de la nada, Lisa recibió un correo electrónico de Karen, preguntándole: "¿Qué estás haciendo con tu baile?". Lisa respondió: "Bueno, sabes, no estoy segura de qué tan interesado está el mundo en ver bailarines gorditos y, actualmente, yo soy una chica un poco más grande que en ese entonces..." Karen le respondió: "La danza no se trata de forma, ni de tamaño; se trata de espíritu. Tú tienes uno de los espíritus más bellos y la gente de Toronto y del mundo tiene que verlo".

Estas palabras de aliento, junto a la extraña coincidencia con el sueño, fueron suficientes para hacer que Lisa se diera cuenta de que se había escondido detrás de las excusas. Si ella quería ser bailarina, debería salir y hacerlo. En ese momento, Lisa decidió dejar su trabajo y convertirse en una bailarina de tiempo completo. Y a pesar de su completa convicción de que eso era lo correcto, la idea seguía pareciéndole aterradora. El espectáculo de danza en el que estaba trabajando en ese momento duraría otro mes y medio, pero después de eso no tenía nada planeado. Tres días antes de la última actuación, seguía sin tener nada fijo a qué dedicarse.

Por fin, el día de su última actuación, sucedió algo extraordinario. Recibió una llamada telefónica de una compañía de producción en Irlanda que estaba en busca de bailarines para una película. Habían oído hablar de ella. La necesitarían en Irlanda por dos meses a partir del miércoles siguiente.

Después de que regresó de ese viaje, cosas buenas la siguieron. La gente seguía escuchando sobre ella y el trabajo seguía llegando. Era como si su decisión y convicción hubieran abierto las compuertas de la oportunidad. Su confianza en su habilidad para hacer lo que quería floreció. Descubrió que también tenía talento para programar a otros artistas y a gran velocidad adquirió prestigio como curadora innovadora y exitosa de espectáculos que combinan muchos tipos diferentes de actuación.

Cinco años más tarde, con un cabaret bimestral en el que exhibía artistas, y con una carrera cada vez mayor como coach creativa, se había convertido en la persona clave que les proporcionaba oportunidades y aliento a otros para que asumieran riesgos que podrían no haber asumido por sí mismos. Lisa continuó desafiándose a sí misma al convertirse en una artista visual y al mudarse a una nueva ciudad donde, de forma muy rápida, se ha ido convirtiendo en una nueva voz y en una respetada innovadora en la comunidad artística local.

El crecimiento está en el esfuerzo

Puede sonar como si Lisa fuera muy afortunada, pero la verdad es que, sin importar lo que sucediera, ella optó por seguir creciendo desde el momento en que tomó la decisión de comprometerse de todo corazón a retomar la danza. Si tú asumes un nuevo desafío y no logras alcanzar tu meta, crecerás igual al transformar la experiencia en lecciones de vida para la próxima oportunidad que se te presente.

Ella es bastante sincera respecto al hecho innegable de que no todos los días fueron fáciles. Pero sus propios períodos de dudas la convirtieron en mejor entrenadora y mejor artista. De hecho, su trabajo a menudo se basa en el humor, la humanidad y el heroísmo cotidiano que todos experimentamos en momentos de vulnerabilidad y transición. Tu propia historia de convertirte en quien eres (que siempre es un trabajo en progreso) se vuelve mucho más interesante por los desafíos que enfrentas y superas; en especial, cuando estos requieren coraje y cuando luchas enfrentando los tramos incómodos, demostrándoles a otros y demostrándote a ti mismo que sí puedes.

Aquellos que están acostumbrados a hacer que su confianza sea más grande que su comodidad te dirán que, después de un tiempo, se vuelven menos temerosos de cometer errores. De hecho, comienzas a darte cuenta de que los mayores avances a menudo provienen de cometer errores, porque es ahí donde obtienes tus mejores ideas sobre cómo mejorar. La fase de "coraje", con todas sus incomodidades, entre comprometerse a hacer algo nuevo y la sensación de logro que experimentas una vez que tienes éxito, se vuelve más tolerable una vez comprendes que ese es el precio temporal del crecimiento, y al menos ese crecimiento está garantizado. No importa cómo salgan las cosas, siempre crecerás más y cosecharás recompensas si dejas atrás la comodidad y te involucras en metas que te obliguen a desarrollar nuevas capacidades y confianza a medida que avanzas. Solo tienes que estar bien y sentirte seguro aun ante el hecho de no saber de antemano cuáles serán esas recompensas. Recuerda que cuando se trata de crecer constantemente, es conveniente que tu confianza sea mayor que tu comodidad. Esa es una actitud que no tiene pierde.

¿Dónde empiezo?

→ *Usa metas para ponerte en movimiento*

Si sabes que estás atrapado en una trampa de confort, es probable que sea hora de establecer nuevos propósitos en tu vida. Pueden ser grandes metas o pequeños objetivos. Las grandes metas siempre son inspiradoras, pero es posible que debas dividirlas en pasos más pequeños, manejables y cuantificables para saber por dónde empezar. Los objetivos pequeños son útiles porque son fáciles de lograr y nos dan un impulso rápido de confianza, pero si deseas mantenerse en movimiento, asegúrate de seguir configurando nuevos objetivos o de conectarlos a un objetivo más amplio. Te contaré un secreto sobre los objetivos: lo que más importa no es si los logras, sino que estos te ponen a prueba y el esfuerzo conduce al crecimiento. A menudo, los resultados más valiosos son subproductos inesperados de la consecución de otros objetivos.

→ *Tómate un descanso si en verdad lo necesitas*

A veces, las personas pierden su confianza en medio de una actividad, proyecto o serie de eventos que son particularmente desafiantes porque se sienten abrumadas o exhaustas. A menudo, resulta más provechoso tomarte un respiro de confort para rejuvenecerte, que continuar trabajando y ver que tus esfuerzos se vuelven cada vez menos efectivos.

Después de renovar tu energía y enfoque, lograrás más en menos tiempo y así compensarás el descanso que tomaste. Si es posible, toma por lo menos un día entero y desconéctate por completo de la fuente de tu estrés para hacer algo que te dé placer y descanso. Y recuerda: la incomodidad y el valor que se necesitan para alcanzar una capacidad nueva son una parte natural del logro de cualquier meta. Una vez que la alcances, estarás en un nuevo nivel y disfrutarás de los frutos de tus esfuerzos.

→ *Usa tu pasado como modelo*

Te presentamos una estrategia muy útil para usar tu pasado como materia prima de una manera diferente; úsalo como una prueba de concepto, como la evidencia fehaciente de que ya antes lograste la meta de adquirir y desarrollar una nueva capacidad y por lo tanto ya sabes cómo adquirir y desarrollar una más. En The Strategic Coach tenemos un ejercicio que llamamos la "Fórmula de las 4 C". La manera de usarlo es, primero que todo, analizando con mucho detenimiento una experiencia pasada con el propósito de detallar con CLARIDAD cómo fue que construiste una nueva capacidad. Una vez que hayas internalizado cuál fue el procedimiento que seguiste para llegar a la meta, será fácil aplicarlo en otras metas.

En segundo lugar, piensa en el momento de tu pasado en el que desarrollaste esa nueva capacidad. Verás que la manera de darle inicio a ese proceso fue, sin duda, adquiriendo COMPROMISO con respecto a la decisión de abandonar tu zona de confort y probar algo nuevo. El tercer paso fue poner a funcionar tu CORAJE. Tuviste que superar los miedos y la incomodidad que vienen junto con el aprendizaje y la incertidumbre de hacer algo que te exigía más esfuerzo de tu parte. Sin embargo, a medida que los superabas, desarrollaste esa nueva capacidad y ese hecho te llevó a aumentar tu CONFIANZA. Observa tus propias experiencias y anota cómo se veía cada una de esas etapas y qué te funcionó en el pasado. Así, la próxima vez que tengas la oportunidad de comprometerte frente a un reto que requiera coraje, sabrás trazar un mapa de cómo se verá el proceso en tu mente y serás más consciente a medida que avanzas por estas cuatro etapas. Te será especialmente útil a medida que atraviesas la etapa de coraje. Recuerda que sentirte mal porque estás en una fase de coraje debido a tu crecimiento es muy diferente a sentirte mal porque estás estancado. Y además, el hecho de tener Claro el Compromiso que has asumido, así como la Capacidad y la Confianza en que estás trabajando para construir no necesariamente elimina el sufrimiento de la fase de coraje, sino que te coloca en un contexto que te recuerda qué es aquello por lo que vas a trabajar y por qué vale la pena el esfuerzo que hagas.

LEY

Haz que tu propósito sea siempre más importante que el dinero

Tener propósitos cada vez mayores es esencial en el proceso de crecimiento constante. Muchos comienzan sus carreras pensando que el dinero es la meta. Sin embargo, el hecho es que el dinero suele ser una medida útil de éxito o progreso en ciertas circunstancias, así como un recurso necesario para realizar mayores metas, pero hasta cierto punto, el dinero sin propósito pierde su significado. Y como fin, se convierte en un freno al crecimiento. Tener propósitos que sean mayores que tú mismo te dará un ímpetu constante para querer esforzarte. Le dan sentido a tu vida y te ayudan a dirigir y enfocar tus talentos y esfuerzos. También atraen los talentos y la energía de otros cuyos propósitos se alinean con los tuyos. Piensa en el dinero solo como un medio para lograr un fin mayor y atraerás hacia ti todos los recursos y recompensas que conforman una vida rica, pero no tan solo en términos de dinero.

Algunos mirarán esta ley y pensarán: "Esa es una buena idea, pero ¿no será un poco idealista?". La respuesta es: no.

Incluso en el mundo de los negocios es bastante factible crecer y ser exitoso haciendo que tu propósito sea mayor que tu dinero.

Cuando el beneficio sirve al propósito

Cuando Dan Sullivan y Babs Smith se conocieron, Babs estaba llevando a cabo una práctica holística de salud y Dan estaba entrenando a empresarios y políticos a nivel personalizado. Ambos obtenían mucha energía ayudando a otros a superar los obstáculos que les impedían crecer, ser más felices y lograr sus objetivos. Muy pronto, se hicieron amigos; los dos apoyaban las ideas y el desarrollo comercial de los demás y, a medida que su vínculo personal creció y se fortaleció, decidieron unir sus fuerzas iniciando su relación como pareja.

Babs notó que las herramientas y procesos de Dan tenían el potencial de ayudar a mucha más gente y se comprometió personalmente a usar su talento y sentido comercial para crear una organización cuyo propósito fuera dar a conocer el trabajo de Dan, crecer, prosperar y llegar a más personas. En su visión, esta organización no solo sustentaría a Dan y a ella, sino también a todos los colaboradores que se unieran a ellos para ayudarles a cumplir este propósito; y siempre seguiría creciendo, siendo viable y sostenible, incluso más allá de sus vidas. Esta fue la visión inicial que se convirtió en The Strategic Coach Inc.; Babs concluyó su práctica de salud y comenzó a aplicar sus habilidades para construir esta organización en torno al trabajo de Dan y a hacer crecer el negocio que alcanzaría estos objetivos.

El dinero fue una parte importante para alcanzar este objetivo, y continúa siéndolo, ya que es necesario para financiar el crecimiento que permite que el trabajo avance y se realice la visión completa. Sin embargo, nunca ha sido el objetivo principal. Dan y Babs han aprendido con los años a proteger la visión que tienen como guía y a alinear a los miembros de su equipo alrededor de ella. Esto comenzó con una serie de declaraciones que ellos llaman sus "directrices principales".

En 1989, cuando comenzaron The Strategic Coach Inc., su objetivo era ganar suficiente dinero para pagar una enorme cantidad de impuestos atrasados. Y aunque el objetivo fue impulsado por la necesidad de un flujo de caja, optaron por lograrlo de una manera que también favorecería su mayor propósito. Decidieron comenzar un programa de talleres mediante los cuales Dan capacitaría a un grupo de

empresarios en lugar de reunirse con los clientes indivi-
dualmente. Esta estrategia les permitió aplicar el proceso
de Dan a más personas, lo que significó más ingresos.

Protegiendo el núcleo

Para Dan y Babs se hizo evidente, a través de desafíos y
oportunidades en el crecimiento de The Strategic Coach
Inc., que la fuerza de su conexión personal era el factor
determinante para lograr sus metas más importantes tanto
en su vida de pareja como con el negocio. Y para asegurarse
de que este aspecto siempre estaría protegido, poco a
poco fueron identificando y construyendo tres "directrices
principales" que los guiarían a medida que el negocio
creciera. Son las siguientes:

1. Todo lo que hacemos debe respaldar nuestro
creciente trabajo en equipo y nuestra intimidad.

2. Siempre mantendremos el control sobre la fuerza
futura de nuestro progreso.

3. Solo nos alinearemos con personas que estén
alineadas con nosotros.

Como verás, estos puntos no son una declaración de
misión para la compañía, sino más bien una declaración
de valor personal de lo que es verdaderamente esencial para
Dan y Babs, y que se convertiría en el eje central tanto de
su éxito personal como comercial: su relación y la empresa

como motor de crecimiento en sus vidas. Como guía para las decisiones comerciales, estas directrices cortaron de raíz muchas oportunidades que parecían bastante lucrativas de momento, pero que hubieran resultado desastrosas más adelante. También eliminaron la tentación de hacer pactos con las personas equivocadas. Han generado sistemas para mejorar la comunicación para que Dan, Babs y el equipo se mantengan más alineados. Le han dado forma a una compañía que es conocida por su integridad y buena reputación. Y han permitido que el equipo se una para apoyarlos en la preservación de sus valores centrales y de su fortaleza como pareja.

La compañía ha aumentado sus ingresos en más de cien veces desde que elaboraron estas directrices y siempre hay una sensación de recursos abundantes para financiar más crecimiento. El equipo tiene otras 100 personas más y la visión se está desarrollando de tal manera que respeta, valora, integra y recompensa la contribución única de cada miembro del equipo. La compañía está llegando a más personas que nunca y el trabajo de Dan está teniendo un impacto tremendo y creciente en un número cada vez mayor de vidas. En resumen, el propósito original más importante se está realizando. El dinero continúa siendo visto siempre como un subproducto de los esfuerzos de la compañía para crear valor mediante la realización de su propósito en formas cada vez mayores.

¿Podrían Dan y Babs ganar más dinero comprometiendo algunos de estos valores? Quizás en el corto plazo. Sin embargo, en retrospectiva, es casi seguro que cualquiera de las empresas que parecían clientes tentadores en ese momento habría interrumpido el crecimiento orgánico que desde entonces los ha llevado hacia oportunidades mucho más grandes y en total alineación con su propósito más grande.

Cuando propósito y dinero chocan

Dan y Babs han logrado crear un negocio en el cual el dinero fluye desde que persiguen su mayor propósito. Esta estructura les ha permitido a ambos, así como a los miembros de su equipo y, por supuesto, a sus clientes, crecer de muchas maneras, en lo personal y en lo profesional, a la vez que ganan más dinero. Sin embargo, no siempre es el caso que en nuestra vida las oportunidades que se nos presentan de ganar dinero estén tan alineadas con nuestro propósito y nuestros valores. Aquí es donde hacer que tu propósito sea mayor que tu dinero parece ser una opción mucho más difícil. Después de todo, necesitamos dinero para vivir, y los beneficios de mantener un sentido de propósito no siempre son tan claros.

El problema es que, ante la elección entre dinero y propósito, si elegimos dinero y renunciamos al propósito, a menudo, esta decisión nos lleva a una trampa que nos impide crecer. El dinero puede ayudarnos a distraernos de este hecho, pero la verdad es que lo que tendremos que mostrar como resultado de nuestros esfuerzos es más dinero o más pertenencias, pero no crecimiento personal. Sin el propósito de darle un buen uso al dinero, tenerlo no tiene sentido. Una caída en los ingresos es un pequeño precio a pagar por las recompensas que obtienes cuando eliges apegarte a tu propósito, como veremos en la historia de Bryson.

Bryson MacDonald es un trabajador social jubilado. Al principio de su carrera, aceptó un trabajo bien remunerado como "consejero laboral" de un fabricante de automóviles. Tan pronto como comenzó a ejercer su cargo, el fabricante le pidió que encontrara excusas para no contratar "etnias", ni mujeres.

Y aunque tenía una nueva familia y no contaba con otras posibilidades de empleo, Bryson se mantuvo fiel a sus principios y renunció.

Sin embargo, durante su trabajo allí alcanzó a apoyar a un centro de reinserción local contratando personas bajo libertad condicional para ubicarlas en la línea de ensamblaje. ("No es posible robar un automóvil que no está ensamblado", bromeaba). Cuando en la oficina de libertad condicional se enteraron de que Bryson estaba disponible, lo contrataron de inmediato.

"Tuve un excelente recorte salarial", dice él, "pero fue bueno para mi salud". La decisión marcó la pauta durante el resto de su carrera, y varios expresidiarios aún recuerdan al "Sr. Mac" como el hombre que los ayudó a cambiar sus vidas.

La historia de Bryson muestra que el propósito no tiene que ser grandioso; quizás es tan práctico como honrar nuestro compromiso de ser unas buenas personas, de acuerdo a nuestros propios estándares.

La peña resbaladiza

Pero ¿qué pasa cuando hay mucho dinero disponible sobre la mesa y te piden que comprometas tus valores e ideales… solo un poco? ¿No sería posible tomar el dinero y luego volver a retomar tus estándares? Esta es una opción personal que solo depende de las circunstancias y de la importancia del propósito que te pidan que socaves o ignores. El problema con aceptar dinero bajo circunstancias no muy claras es que esa podría ser una peña resbaladiza, ya que, desde el instante en que comprometes tus valores, estos se van devaluando en tu mente y te irá pareciendo cada vez más fácil volver a comprometerlos… y antes de que te des cuenta, todo en tu vida estará tratándose de dinero una y otra vez. Lo otro que ocurre es que lo que te parece un pequeño compromiso cuando estás mirando una gran recompensa te parecerá un sacrificio mucho más grande cuando tengas que vivir con todas las consecuencias de tu mala decisión.

El coraje de irte

Alejarte del dinero para mantener tu integridad, junto con tus valores y tu sentido de propósito, te obliga a crecer. Te da la oportunidad de fortalecer tu compromiso con tus valores y utilizar tu creatividad e ingenio para encontrar otras formas de satisfacer tus necesidades financieras que sí estén alineadas con tus propósitos.

Fidel Reijerse fue consultor ambiental en la década de 1990. El propósito que lo impulsó en su trabajo fue su deseo de ayudarles a las compañías constructoras a encontrar diversos procedimientos que les permitieran funcionar de manera efectiva y sin causarles daño ni al medio ambiente, ni a la salud de la población.

Por lo general, los sitios donde se adelantan construcciones reúnen a menudo materiales que, por sí solos, pueden no ser peligrosos, pero en combinación, sí corren el riesgo de crear espacios tóxicos con todo el potencial para causarles daños tanto a las personas como al entorno natural. Y si a estas sustancias tóxicas les agregas las crecientes demandas de energía y la carga de manejo de los desechos de cada nuevo proyecto de construcción a gran escala, es innegable que el impacto ambiental resultará siendo aún más grave.

Al igual que otros en el campo, Fidel era consciente de que había productos y soluciones en el mercado que reducían estos impactos negativos –productos que son preferibles desde el punto de vista ambiental–, pero su costo, por lo general, resultaba más alto. Como es apenas lógico, las corporaciones constructoras se interesan en mantener los costos lo más bajo posible para sus accionistas. Inclusive algunas de estas corporaciones hasta estuvieron dispuestas a hacer lo necesario como para lograr que sus criterios fueran vistos como nobles y propios de los buenos ciudadanos corporativos, pero eran muy astutas y se aseguraban de no pasarse de los límites. Para Fidel era claro que la única forma en que estas empresas harían pleno uso de productos y tecnologías ambientalmente preferibles era si estos costaban lo mismo o menos que las alternativas con mayor demanda en el mercado. Lo que lo frustraba era saber que lograr mejores precios sí era viable.

Él sabía que algunos de estos productos les ahorrarían dinero a las empresas y protegerían el medio ambiente, pero esto no era lo que estaba sucediendo en el medio. Muchas de las compañías fabricantes de productos que son mejores para el medio ambiente aprovechan la prima que tienen derecho a cobrar y la diferencia que proviene de ser consideradas como entidades "ecológicas". La expectativa de que debas pagar más por un producto ambientalmente preferible es lo que hace que este tipo de productos no se utilice a mayor escala y, por lo tanto, no tiene todo el impacto que debería en la reducción del daño al medioambiente, ni en los riesgos para la salud de las personas.

Cuando Fidel se dio cuenta de que ni las corporaciones, ni los productores estaban dispuestos a ir más allá debido a sus propios intereses, decidió abandonar el negocio de la consultoría para buscar otros proyectos. Había surgido una nueva oportunidad que le ofrecía un mayor potencial para que todos sus conocimientos y esfuerzos resultaran en mejores soluciones, y no solo en más ingresos por hacer lo mismo.

Durante los siguientes siete años, Fidel pasó por una magnífica experiencia de crecimiento que culminó en un dilema único cuando una tecnología que él creó para ayudar a los científicos no pudo ser llevada al mercado de una manera aceptable desde el punto de vista ético. Es un hecho que la tecnología tiene un gran potencial para hacer el bien, pero también tiene el mismo potencial para causar daño si se utiliza mal. Aunque hubiera sido fácil venderse y obtener una recompensa, Fidel y sus socios comerciales acordaron que lo más importante sería permanecer en control de su propuesta el tiempo suficiente como para dirigir la tecnología hacia aplicaciones positivas. Y cuando ya fue evidente que él no lograría por ningún medio que esto sucediera, se desvinculó del asunto. Una vez más, decidió buscar un proyecto que recapturara su pasión y estuviera conectado con su sentido de propósito.

Cuando el propósito se encuentra con la oportunidad

Liberado de la situación, Fidel comenzó a experimentar una avalancha de creatividad e ideas novedosas. El crecimiento que obtuvo tanto en su confianza como en las nuevas capacidades que adquirió como resultado de esos siete años de vinculación a aquella empresa, le generó nuevas posibilidades. En cuestión de meses, descubrió una posible respuesta al problema que lo había obligado a abandonar la consultoría ambiental.

Su visión inicial fue utilizar los Juegos Olímpicos de Invierno de 2010 en Vancouver como vitrina para hacer una demostración pública de cómo sí es posible ahorrar dinero al construir y operar instalaciones que favorezcan al medioambiente. La prueba estaría en el óvalo olímpico de patinaje de velocidad en la ciudad de Richmond –la sede principal de los juegos. Los invitados a participar serían todos aquellos que estuvieran en condiciones de proporcionar tecnologías y materiales de construcción legítimos y a precios mediante los cuales la sede olímpica ahorrara dinero y mejorara el medio ambiente. No obstante, el plan les permitiría a todos los involucrados obtener ganancias; de hecho, esa fue la exigencia, ya que lo que se iba a establecer era la viabilidad financiera del proyecto ganador.

Sus esfuerzos para lograr sus propósitos requirieron que Fidel aprovechara cada relación estratégica y todos los recursos de su arsenal de conocimientos y experiencia; la importancia de la situación lo forzó a llevar sus habilidades de creatividad y diplomacia a niveles más altos. Así, consiguió que su innovadora iniciativa fuera bien recibida. De hecho, los organizadores del evento hicieron todo lo posible por escuchar, ofrecer ayuda y hacer que otros que pensaran que sería interesante ser parte de su proyecto se sumaran a él. Fidel no tuvo inconveniente en llamar la atención de quienes estaban encargados de la toma de decisiones. Al alinear todos sus intereses –la rentabilidad, la imagen pública y el deseo genuino de hacer algo bueno por el medio ambiente–, Fidel logró generar una situación en la que todos los propósitos individuales de los demás participantes pudieran alinearse para apoyar un propósito mayor. A medida que su propuesta, aún en su etapa inicial, se hacía más pública, su actitud fue que incluso si alguien más intervenía para tratar de compartir esa misma visión, no importaría. Su mayor preocupación era lograr el objetivo, independientemente de cómo y con quiénes se realizara el proyecto.

Su sentido de propósito le mostró cuándo dejar las cosas quietas y, curiosamente, también lo llevó a insistir cuando llegó el momento oportuno para hacerlo. De todas estas conversaciones, comenzó a emerger la posibilidad de una oportunidad mucho más grande. Él y sus socios comenzaron a ver que el principal obstáculo que impedía que los constructores y propietarios de edificios de todo el país incluyeran a los sistemas de energía renovable como parte de sus proyectos era la economía, así como la gran responsabilidad que les representaba implementar esta nueva perspectiva. El costo inicial era, simplemente, prohibitivo, incluso si los beneficios a largo plazo eran justificables. Al intentar aplicar toda la creatividad posible para solucionar el problema, procurando afrontarlo de diversas maneras, Fidel y su grupo lograron desarrollar un negocio modelo que financiaba el costo de instalación inicial de los sistemas de generación de energía solar geotérmica en la azotea que les permitiría a los propietarios de edificios pagarlos gradualmente a través del ahorro de energía y de la energía vendida a la red. En efecto, el propietario de un edificio podría instalar un sistema para generar energía para su construcción en su propio techo sin costo inicial y poseerlo directamente después de, más o menos, 20 años. RESCo Energy, la compañía que Fidel y sus socios construyeron, ha continuado instalando sistemas de este tipo para muchos edificios grandes y de alto perfil en Canadá, –proyectos que muchas veces han sido del tamaño de un estadio olímpico.

Esta historia trae a colación un punto interesante: si el crecimiento es el factor que te da energía, a la larga, vale la pena hacer algunas cosas solo por el dinero. Por otro lado, algunas cosas valen la pena solo por el hecho de cumplir con un gran propósito y para adquirir más crecimiento, ya sea que nos paguen por ellas o no. Sin embargo, solo porque harías algo gratis, esto no significa que no debas tratar de encontrar la forma de ganar dinero haciéndolo.

Pero el mejor escenario posible es cuando logras hacer algo que te motiva en gran manera y además te pagan bien por ello. Por todo esto, es fácil concluir que el dinero que sirve como apoyo para un buen propósito contribuye a generar un crecimiento sostenible a largo plazo.

Buscándole propósito al propósito

No sería adecuado terminar este capítulo sin responder la pregunta obvia: ¿Qué pasa si no sé cuál es mi propósito? No todos tienen un propósito claro y motivador como Dan, Babs o Fidel. A veces, el propósito se vuelve más claro cuando está bajo amenaza, como en el caso de Bryson.

Definir un sentido de propósito suele ser una tarea difícil. Incluso aquellos que han logrado mucho lucharon a menudo para encontrarlo. Pero aquí está la clave: incluso el acto de buscar el propósito conduce al crecimiento. Hace que formules preguntas que de otro modo no harías; buscas respuestas en lugares donde, de otra manera, no mirarías; les prestas atención a cosas que nunca habrías notado para hacer conexiones y encontrar un sentido donde no podrías haberlo encontrado antes. Incluso si no sabes cuál es tu propósito, es posible enfocarte en él buscándolo. Encontrar tu propósito se convierte en un propósito en sí mismo, hasta que sea remplazado por lo que descubras que es tu propósito. Tu punto de partida es prestarle atención a lo que te mueve, a lo que despierta tu pasión y te da energía. Buscar un propósito siempre generará más crecimiento que buscar dinero.

¿Dónde empiezo?

→ *Escucha tu corazón y sigue tu instinto*

Tu sentido de propósito está más conectado a tu corazón y a tu instinto visceral que a tu cabeza. Con frecuencia, nos involucramos en cosas en las que el dinero parece ser un factor importante, pero si no nos sentimos bien haciéndolas, esa es una señal de que nuestro propósito podría verse amenazado. A veces, una elección parece ser lógica y sensata, pero eso no siempre significa que sea la mejor opción para lograr el propósito deseado. Deja que tus sentimientos te guíen hacia el objetivo correcto y luego usa tu cabeza para descubrir cómo hacerlo realidad.

→ *Expresa tu propósito por escrito*

Crear una declaración de propósito es útil de muchas maneras. Primero, elegir las palabras correctas te obliga a expresar tu propósito con la mayor claridad posible. Vale la pena el tiempo y el esfuerzo que hagas para lograr que tu declaración sea precisa. Una vez más, tu instinto te indicará si te sientes bien o no. Las personas que han encontrado su propósito casi siempre comentan que sienten que están haciendo lo que siempre debieron hacer. Además, las declaraciones de propósito permiten que otros te entiendan y quieran alinearse contigo para ayudarte a lograr tu visión. Una vez que tu propósito sea claro, comenzarás a ver que cierto tipo de situaciones y comportamientos te respaldan y otros no. Utiliza estos conocimientos para crear tus propias "directrices", como hicieron Dan y Babs, para que te sirvan como los recordatorios que te ayudarán a cumplir tu propósito cuando surjan tentaciones y otras oportunidades distintas.

La declaración de propósito de The Strategic Coach en el momento de la redacción de esta segunda edición está expresada de la siguiente manera:

Expandiendo la libertad empresarial

Nuestro objetivo es liberar a los empresarios y a sus equipos para que prosperen y crezcan en un mundo de rápido cambio e imprevisibilidad. Proporcionamos herramientas y estructuras de pensamiento práctico, junto con una comunidad en crecimiento, orientada hacia mantener una mentalidad centrada en hacer sus contribuciones más valiosas y únicas; en alcanzar sus metas más importantes y en disfrutar de una calidad de vida sin paralelo en las próximas décadas.

Para enfocarnos en nuestro propósito empresarial fue necesario redactar un montón de borradores y recibir muchos aportes y comentarios de diferentes miembros de nuestro equipo, pero estamos felices de que abarque todo lo que hacemos, sin dejar de ser bastante específicos. Nos gustaría que observaras cómo evolucionaron las herramientas y las ideas de este libro para cumplir con este propósito. Verás que tu propósito también irá evolucionando con el paso del tiempo o quizá te generará diferentes propósitos que te impulsarán en los distintos aspectos de tu vida. Pero todos estos cambios durante este proceso son completamente normales.

LEY 10

Haz que tus preguntas sean siempre más importantes que tus respuestas

Las preguntas son esenciales para el crecimiento constante. Como niños, cuando crecemos a un ritmo acelerado, hacemos muchas preguntas. Y a medida que envejecemos, comenzamos a pensar que tenemos muchas respuestas. Para algunos, todo su sentido de seguridad y autoimagen depende de creer que tienen todas las respuestas y que nunca están equivocados. Como resultado, intentan entender todo en términos de lo que saben. Pero el crecimiento está en el territorio de lo desconocido. Lo que ya sabemos está en el pasado y lo que aún tenemos que descubrir está en el futuro. Haz que tus preguntas sean siempre más importantes que tus respuestas y seguirás proyectándote en un futuro mejor y con nuevas posibilidades.

No hay nada más poderoso que las preguntas. La razón es que la mente no puede ignorarlas. Tal vez, elija no responderlas, pero las preguntas seguirán estando allí, provocando nuevos pensamientos. Las respuestas, por otro lado, son cerradas. Las conoces, las archivas y nunca vuelves a pensar en ellas. No requieren más reflexión. Esa es quizá la razón por la cual nos parecen tan interesantes.

Conéctate con una gran pregunta

Las preguntas abren las puertas a la investigación –que es la forma en que imaginamos y descubrimos nuevas posibilidades. El crecimiento no proviene de tener la respuesta definitiva, sino de la actividad de participar en la conversación en torno a una gran pregunta.

Entonces, ¿qué es una gran pregunta y cómo hacer que tus preguntas sean más importantes que tus respuestas? Las grandes preguntas son abiertas, es decir, no tienen respuestas fáciles. Una gran pregunta te hará pensar y crecer durante toda la vida.

Dan comparte esta historia:

Cuando tenía nueve años, iba caminando por los campos de maíz de la granja de mi familia en Ohio. Era una hermosa y despejada tarde de invierno. El sol todavía estaba afuera, pero ya se veía salir la luna y había nieve en el suelo. Mientras caminaba, un avión voló por encima de la granja. Mirando hacia arriba y viéndolo pasar en este gran cielo abierto, de repente, tuve la enorme certeza de que todo en esta vida es posible y pensé: "Me pregunto, ¿hasta dónde podré llegar?".

Fue uno de esos momentos que nunca olvidas. Ese avión y toda la escena simbolizaban algo mucho más grande para mí. Me vi saliendo de la granja, de esa ciudad, viajando a otros lugares. Fue una visión general de cosas mucho más amplias que las que yo había experimentado hasta ese entonces. Fue de alcance global. Esa pregunta se convirtió en la pregunta determinante para mi vida. A partir de ese punto, me preguntaba, ¿hasta dónde puedo llegar? Y todavía me lo estoy preguntando y todavía sigo en marcha. Aunque no podría haberme imaginado llegando hasta donde estoy ahora, realmente no hay un final a la vista, siempre y cuando siga haciéndome esa pregunta.

Las preguntas nos conectan con el mundo

Sin embargo, no todas las preguntas tienen que ser de gran relevancia para generar crecimiento. Cualquier pregunta formulada con un genuino espíritu de indagación te ayudará a crecer. Si en realidad quieres saber la respuesta, crecerás con el simple hecho de hacer la pregunta, incluso si nunca obtienes la respuesta. Esto se debe a que las preguntas abren el diálogo. Nos conectan con el mundo de una nueva manera.

Cuando haces una pregunta genuina y obtienes una respuesta, obtienes un nuevo conocimiento que, por lo general, aumenta tu entendimiento. Y ese nuevo conocimiento te conducirá a otras preguntas y, por consiguiente, a nuevas formas de actuar, a nuevas perspectivas y a un mayor nivel de confianza.

Jon Singer, un empresario de Nueva Jersey, se ha dedicado sin parar a recaudar fondos y ha abogado por los derechos de los niños con autismo, impulsado por su pasión de proporcionarle una educación de calidad a su hija Rebecca, quien tiene tendencias autistas. Jon recuerda una gran historia que generó un subproducto inesperado a causa de una experiencia que él y Rebecca compartieron cuando ella era más pequeña: a Rebecca le gustaba levantarse muy temprano, antes que su madre y su hermano, así que, cuando ella vivía en su casa, Jon, quien también es madrugador, se levantaba junto con ella y la llevaba a Starbucks para no despertar al resto de la familia. Como muchos niños con autismo, a Rebecca le cuesta mucho trabajo estar en un lugar nuevo. Pero con la práctica, logró permanecer allí por 10, 15 y luego, 20 minutos.

Tommy Sherwood, un administrador joven y agradable, estaba allí temprano y les abría la puerta. Él le decía "hola" a Rebecca, pero ella no hacía contacto visual con él. En cierta ocasión, Tommy se acercó a Jon con el propósito de saber si podía hacerle algunas preguntas sobre Rebecca, ya que le fue inevitable observar que al principio ella tuvo dificultades para permanecer allí. Su pregunta fue: "¿Cómo puedo hacer que mis socios y mis clientes en la tienda sean más sensibles a cualquier persona con necesidades especiales?". Luego, siguieron más preguntas sobre el autismo y sobre la crianza de los niños, pues quería tener sus propios hijos.

A veces, Jon llegaba no solo con Rebecca, sino también con su hijo de seis años. Tommy y los Singers llegaron a conocerse mejor e incluso Tommy suministraba el café durante uno de los días de visita en la escuela de Rebecca. Una tarde, llamó a Jon muy emocionado para decirle: "¡Jon, no lo vas a creer! Contraté a un joven adulto con autismo para que trabajara en la tienda. ¡Y es uno de mis mejores trabajadores! ".

Ese día, Tommy pasó a contarle a Jon que una agencia había acudido a él hacía un año buscando que él le diera trabajo a una persona con necesidades especiales, pero después de analizarlo llegaron a la conclusión de que el entorno laboral podría no ser adecuado para ella. Sin embargo, después de conocer a Rebecca, de aprender más sobre el autismo y de ver lo que ella ha logrado con todo su tiempo y esfuerzo, Tommy sintió la confianza necesaria como para contratar a Chris cuando surgió la oportunidad. Jon estaba muy agradecido por eso.

Tiempo después, Jon vio un artículo sobre Chris, el joven que Tommy había contratado, en el periódico. En él, Chris afirmaba que su trabajo en Starbucks había sido su primer verdadero descanso. Con el paso de los días, Tommy lo promovió creando un nuevo cargo para él – administrador de café– y lo puso a cargo de reorganizar y mantener organizada la tienda. Chris hizo un gran trabajo. Ante esa sorpresa, Jon llamó a Tommy para felicitarlo por esa decisión y le dijo: "¡Mira lo que hiciste por este hombre! Tenía una vida muy dura y debido a que te tomaste el tiempo para querer aprender sobre Rebecca y estas cosas, estás cambiando su vida". Jon no encontraba palabras para elogiar a Tommy lo suficiente, ni para contarles a los demás la gran persona que era. Y todo esto sucedió porque Tommy tomó la iniciativa de hacer algunas preguntas genuinas.

Entonces, ¿qué no es una pregunta genuina? A veces, las personas hacen preguntas retóricas o preguntan no porque quieran saber la respuesta, sino porque están tratando de acorralar a alguien para que acepte su punto de vista. Las preguntas formuladas con un deseo genuino de conocer la respuesta, sin una idea preconcebida de cuál será esa respuesta, son apropiadas para promover el crecimiento.

Acércate a lo desconocido

Para seguir haciendo buenas preguntas necesitarás renunciar a cualquier temor que sientas sobre no tener las respuestas o parecer ignorante. Sin embargo, hay otra manera de analizar esta disposición a preguntar; si valoras las preguntas importantes, las que están por encima de las respuestas excelentes, entonces, saber o no la respuesta es irrelevante. De hecho, las mejores preguntas pueden ser las que no tengan respuesta. Hacer que tus preguntas sean más importantes que tus respuestas significa que siempre estás abierto a la posibilidad de que tu comprensión tenga algunos defectos y a estar siempre dispuesto a considerar la opción de que hay una manera mejor de hacer algo que ya sabes cómo hacer. El aprendizaje y el crecimiento suceden cuando estás abierto a estas posibilidades.

En St. John's College, en Maryland, donde Dan se educó a través de libros maravillosos, el método de enseñanza se basa en hacer grandes preguntas. Todos leen el mismo libro. Luego, 18 estudiantes se juntan con dos tutores en una sala y uno de los tutores lee un pasaje y hace una pregunta al respecto para comenzar la discusión. Los estudiantes considerados como los más capacitados de Saint John son aquellos que saben cómo responder a una pregunta con otra pregunta. Son ellos quienes continúan profundizando la conversación y expandiendo la pregunta para que esta sea cada vez más clara. Después de dos horas y media de preguntas, has escuchado todo tipo de puntos de vista sobre los cuales nunca habrías pensado por tu propia cuenta. Este ejercicio te hace humilde. Te ayuda a comprender que no importa cuán brillante seas, nunca tendrás la perspectiva definitiva sobre nada. La vida se expande desde las perspectivas de todos a través de una conversación constante.

Acercarte a la vida haciendo preguntas cada vez más esenciales es un hábito que te permite experimentar la sensación constante de que siempre hay más por descubrir y una mayor profundidad acerca de todo aquello que creías conocer. Te mantiene abierto a todo tipo de posibilidades, a un mayor aprendizaje y a hacer una mayor contribución.

Te da la base de toda cooperación, te muestra el camino hacia un mejor desempeño y te permite tener un sentido más profundo de gratitud, compasión y aprecio hacia los demás. Ser un gran interrogador puede hacer que la vida sea más divertida y además aumenta tu confianza al hacerte ver que lo desconocido, que a veces es una fuente de miedo, también es una fuente de emoción, aventura y oportunidad de crecimiento. En conclusión, las grandes preguntas nos ayudan a definir nuestro propósito y le dan dirección a nuestra vida.

En casi todas las historias de este libro encontrarás una pregunta clave o una serie de preguntas detrás del crecimiento de su protagonista. Esto se debe a que hacer que tus preguntas sean siempre más importantes que tus respuestas es un ingrediente esencial para cada tipo de crecimiento. La pregunta es la única forma de pensamiento que siempre nos lleva activamente del pasado a un futuro más grande.

¿Dónde empiezo?

→ *Involucra tu curiosidad*

Si tienes problemas para hacer preguntas genuinas, busca y encuentra algo nuevo que te lleve a un área del conocimiento de la que no sepas nada. Lee un libro o mira un documental sobre un tema que nunca antes habías explorado. Ve a algún lugar que nunca hayas visitado. Comienza una conversación con alguien con quien, normalmente, no hablarías. Forma un grupo o únete a alguno ya existente donde se ponga en práctica la discusión sobre artículos o libros que no hayas leído todavía y en especial sobre temas de los que poco conozcas. Acércate a nuevos temas con un espíritu de investigación genuino –al que los maestros zen llaman "la mente del principiante". Tendrás mucho sobre qué preguntar.

→ *Ponte a prueba para continuar la discusión*

Cuando te encuentres en una conversación con alguien, y ambos tengan algo de tiempo disponible, convierte ese espacio en un reto tratando de mantener la conversación activa mediante preguntas geniales. Incluso haz esto mismo con gente desconocida para ti, como un taxista o el pasajero que va sentado a tu lado en un avión. Si escuchas con total atención lo que tu interlocutor te está diciendo, tendrás pistas sobre qué preguntar a continuación.

→ *Algunas preguntas geniales que podrías hacerte a ti mismo para comenzar a trabajar en un propósito nuevo:*

- Si todo lo que he hecho hasta ahora es solo el comienzo, ¿qué sigue?

- ¿Qué nuevo hábito me gustaría adquirir en los próximos 21 días?

- Si tuviera 25 años para hacer algo grandioso, ¿que sería?

- ¿Cuáles son los 10 logros del año pasado que más me enorgullecen?

- ¿Cuál sería mi próximo paso para construir sobre cada uno de ellos?

- ¿Qué ya no es aceptable en mi vida?

- ¿Qué quiero hacer más? ¿Qué quiero hacer menos?

- ¿Qué tan lejos podré llegar?

LA DECISIÓN DE
CRECER

La decisión de crecer es una decisión para hacerte cargo de tu propio futuro, pero, como habrás observado en las historias que compartimos a lo largo de esta lectura, esa decisión siempre termina ejerciendo un impacto en nuestra vida que va mucho más allá de lo que nosotros mismos habríamos pensado. Cuando eliges crecer de acuerdo a estas diez leyes, las oportunidades te llegan de manera natural y desprevenida; las ideas y los recursos fluyen hacia ti y las personas con las habilidades, pasiones, visiones y conexiones adecuadas para hacer realidad tus propósitos tienden a aparecer para ayudarte. Además, es obvio que te vuelves más conectado con el mundo a medida que este te responde y apoya tu crecimiento.

Debido a esta conexión, el crecimiento siempre tiene un efecto dominó. Genera inspiración y oportunidades de aprendizaje para otros, como en el caso de la madre de Catherine, Hilda, y durante el encuentro de Tommy Sherwood con Rebecca Singer. También le da vida a nuevas entidades que surgen para ayudarle a la gente, como le ocurrió a Mary Anne Ehlert con Process for Protected Tomorrows o a los sitios web de recaudación de fondos de Jonathan Smith. También crea nuevas capacidades y visiones de lo que es posible, como Park(ing) Day, la visión de Matthew Passmore que contribuyó a transformar el modo en que las ciudades miran sus espacios públicos; ese también fue el caso de las ideas de Clifford Shearing que conllevaron a enfoques más cooperativos de seguridad y vigilancia.

Gran parte del valor creado por nuestro crecimiento proviene mediante el impacto positivo que ejercemos sobre otras personas de cuya existencia ni siquiera nos enteramos. De hecho, debe haber una cantidad innumerable de personas influenciadas por nuestro crecimiento en formas que solo conoceríamos por casualidad, si es que llegáramos a conocerlas. Por ejemplo:

Un par de años después de su despido, Clifford tuvo la oportunidad de regresar a aquella granja en Sudáfrica, mientras el granjero estaba fuera de la ciudad. Cuando caminaba por las colinas, comenzó a escuchar las palabras *"inyoni ende"* haciendo eco a su alrededor. Esta expresión significa "pájaro alto" en zulú y es como los otros trabajadores lo habían apodado cuando él trabajó allí. Como se corrió la voz de su regreso, la gente repetía *"inyoni ende"* por toda la granja. Muchos vinieron de todas partes y lo saludaron calurosamente. Clifford estaba abrumado.

Él sabía que su partida de aquel lugar había tenido un profundo impacto en su propia vida, pero no fue sino hasta su regreso que se dio cuenta de que ese acto inusual de aquel día, al que él se atrevió enfrentándose a la autoridad del granjero, había dejado una huella en los recuerdos de todos los presentes. En ese momento en que ellos se sentían impotentes bajo el *apartheid* vieron por un instante la fuerza del poder a su favor. Clifford solo estaba tratando de darle una lección al granjero. Sin embargo, el impacto más grande en términos de esperanzas o mejores posibilidades, o lo que sea que cada una de esas personas haya extractado de aquella experiencia, fue mucho mayor de lo que él jamás hubiera imaginado —y admitió que nunca sabrá cuáles fueron todos los efectos secundarios que este acto causó en sus vidas.

Así que, uno de los grandes beneficios de vivir en concordancia con estas 10 leyes de crecimiento constante es que, a medida que crecemos para hacer nuestra vida más rica y más significativa, también ejercemos un impacto positivo y muy significativo sobre el mundo que nos rodea. Esta contribución nos brinda recompensas, aliento, recursos y oportunidades que, a su vez, nos ayudan a continuar en busca de más crecimiento. Debido a esto, cuanto más creces, más fácil y más agradable se te vuelve seguir creciendo. A medida que la mentalidad de crecimiento se te convierta en un hábito, las leyes irán formando parte de tu sabiduría innata. Podrás profundizar tu comprensión acerca de ellas y explorarlas de nuevas maneras cuando descubras que sus aplicaciones son innumerables e impredecibles. Y estas exploraciones continuarán generándote mayores recompensas y oportunidades que te abrirán caminos sobre los cuales nunca habrías imaginado sino hubieras pasado por el proceso de crecimiento que te trajo hasta este punto de la vida.

Un mundo basado en el crecimiento constante

Ahora, te pediremos que des un salto en tu imaginación hacia un futuro mucho mejor: imagínate un lugar donde todas las personas y organizaciones operan siempre de acuerdo con las leyes de crecimiento constante. En ese futuro, tanto la gente como las instituciones se centran en usar sus recompensas para hacer contribuciones cada vez mayores; construyen sistemas y estructuras que favorecen la cooperación por encima del estatus; usan el dinero para alcanzar objetivos alineados con sus valores esenciales y se enfocan en aumentar el rendimiento disfrutando de la aprobación como subproducto; tienen más confianza en su capacidad para crear su propio futuro basándolo en su sentido de propósito, curiosidad genuina, gratitud por las muchas bendiciones y las oportunidades que los rodean, como también por el deseo de seguir aprendiendo, creciendo, contribuyendo y divirtiéndose.

En este mundo no hay ningún sentido de derecho a los elogios, pero hay muchos obsequios que se les otorgan a todos aquellos que gentilmente los reciben y los utilizan para crecer en beneficio propio y en beneficio de quienes los rodean. Las soluciones a los problemas sociales provienen de la cooperación y el ingenio combinados, de las contribuciones de aquellos que tienen las piezas necesarias, reunidas por aquellos cuya inclinación natural es hacer las preguntas correctas para descubrir lo que realmente necesitan, quieren y deben hacer. La gente se siente responsable de su propia calidad de vida y está equipada con las herramientas y los hábitos mentales para convertir sus visiones en realidad. Todos saben que su propio crecimiento está íntimamente ligado a su capacidad de estar siempre generando algún tipo de valor hacia los demás.

Ahora, es posible que, ante la descripción de cómo sería este futuro mejor, pienses que mucho tiene que cambiar antes de que todo esto sea cierto, y tienes razón. Pero puedes ver el brillo de las magníficas e incontables posibilidades de este mundo en las historias de este libro y en la infinidad de historias que suceden a tu alrededor, ya que las gentes en todas partes, con conocimiento o sin saberlo, actúan de acuerdo a las leyes del crecimiento constante y cultivan una mentalidad de crecimiento. Has visto cómo cada una de estas personas impacta a muchas otras, a menudo ayudándolas a crecer. Has visto cómo se han creado nuevas soluciones, cómo muchos se han inspirado y motivado para actuar de forma diferente, y cómo han encontrado la energía y el coraje que no sabían que tenían.

Un mundo como este es posible cuando cada vez más individuos como tú toman la decisión de adoptar una mentalidad de crecimiento y de crecer a propósito: tomando las leyes en serio, decidiendo vivir de esta manera por sus propias razones, haciendo sus propias contribuciones únicas y proporcionándoles ejemplos positivos a otros en el camino. No necesitas saber acerca de estas leyes para lograrlo; solo necesitas actuar de la manera en que ellas lo sugieren. Sin embargo, te servirá tenerlas como hoja de ruta porque, del mismo modo que podrías llegar a tu destino por carreteras secundarias, siempre es bueno saber dónde está la autopista. En las siguientes páginas, encontrarás algunos recursos que te servirán para cumplir tus propósitos. Tienes el libro en tus manos. La decisión es tuya. El futuro es tu propiedad.

Herramienta

El medidor de crecimiento

"Todo progreso comienza diciendo la verdad".
-Dan Sullivan

Una de las maneras más efectivas de maximizar tu crecimiento es identificando no solo cuáles son esas áreas en las que estás creciendo, sino también aquellas en las que no estás siendo tan constante como para poder tomar decisiones y elecciones conscientes que mejoren tu crecimiento. Aquí, combinamos los principios de las leyes 1 y 2 para planear un ejercicio semanal en el que uses tu pasado reciente como materia prima para crear un futuro más grande.

Te sugerimos hacer el ejercicio semanalmente, porque, si esperas más, es probable que olvides algunos de los ejemplos más sutiles y que tengas dificultades para encontrar suficientes ejemplos. Sin embargo, hemos dejado un espacio en blanco para que adoptes el ejercicio a lo que mejor te funcione.

El ejercicio te pide que pienses y anotes todo lo que hiciste, grande o pequeño, para crecer de la manera descrita por cada ley en la última semana. Encontrarás recordatorios de algunas de las actividades más generales que ejemplifican el tipo de crecimiento que pertenece a cada ley solo para ayudarte a refrescar la memoria. Tus propios ejemplos serán actividades más específicas que hayas realizado.

Comienza rellenando la primera columna. No te preocupes si no tienes ejemplos cada semana para cada ley. En la segunda columna, registra cualquier resultado que ya hayas obtenido al tomar estas acciones. A continuación, encierra en un círculo la ley de la que más te enorgulleces en tu progreso en esta semana y también en la que más deseas trabajar la próxima semana. Escribe tu razón para elegirlas y un próximo paso de acción.

Si estás haciendo este ejercicio con un amigo o en un entorno grupal, compartir estos dos últimos puntos será motivo de una buena conversación. Invita a algún colega, amigo, compañero o familiar a que haga el ejercicio por sí mismo para que luego los dos puedan analizar lo que cada uno está aprendiendo y observarás que el poder de este ejercicio se multiplicará de manera exponencial. Ganarás, tanto al tener que articular tus propias observaciones como al escuchar el crecimiento de quienes estén participando en este mismo ejercicio y a través de los comentarios que todos y cada uno ofrezca, incluido tú.

Para obtener el máximo provecho de esta herramienta, inicia sesión en lifetime growth.com y utiliza la versión en línea, que te permitirá archivar tus resultados de forma segura todas las semanas para que puedas continuar con tu proceso de crecimiento constante durante períodos más largos. Y si prefiere trabajar sobre papel, también tienes la opción de imprimir el formulario de ejercicios.

El medidor de crecimiento

Ejemplo de un medidor de crecimiento completo:

Ley	Descripción	Progreso	Resultados
Semana Semana, mes, etc		**Fecha inicio** Junio 12, 2018	**Fecha final** Julio 12, 2018
1 Hice que mi futuro fuera más grande que mi pasado al:	▪Ver mayores posibilidades ▪Establecer metas ▪Tener nuevas aspiraciones	▪Compré un boleto para hacer realidad a mis vacaciones de ensueño ▪Me inscribí en clases de guitarra	▪Todo lo que aprendí y conocí en Nepal ▪¡Canté en el karaoke de Nepal!
2 Hice que mi aprendizaje fuera mayor que mi experiencia al:	▪Observar lo que funcionó ▪Usar mi experiencia pasada como materia prima	▪Me di cuenta de que si salgo un poco antes, siempre llegaré a tiempo a todas partes	▪La semana pasada llegué a todas las reuniones a tiempo y mucho menos estresado ▪¡Estoy seguro de que algunos de mis clientes se dieron cuenta de mi cambio!
3 Hice que mi contribución fuera más grande que mi recompensa al	▪Practicar la filantropía ▪Contribuir porque sentí que eso era lo correcto	▪Me ofrecí como voluntario en la escuela	▪Sentí que hice mi parte y conocí a algunos padres geniales que tampoco conocía

Ley	Descripción	Progreso	Resultados
4 Hice que mi rendimiento fuera mayor que los aplausos al:	•Centrarme en hacer mi mejor esfuerzo personal •Estar completamente presente en lo que estaba haciendo	•Di mi mejor discurso a pesar de la poca asistencia	•Comprendí que tengo que aprender a manejar el estrés para enfrentarme al gran evento del próximo mes. •Encontré algunas cosas que tengo que modificar
5 Hice que mi gratitud fuera mayor que mi éxito al:	•Reconocerles y agradecerles sus aportes a los demás •Apreciar todo lo que hace que mi vida sea posible	•Reconocí cuán afortunado soy al tener un producto tan bueno en el mercado en esta segunda, aunque no sea tan bueno como en años anteriores •Les agradecí a los agricultores por su buen trabajo	•Hice algunos amigos y me regalaron algunos tomates •Fue el mejor rato que he pasado desde hace tiempo en el mercado de los agricultores
6 Hice que mi deleite fuera mayor que mi esfuerzo al:	•Convertir tareas en juegos •Participar con mi pasión y sentido de la diversión para obtener resultados	•Me tomé el tiempo necesario para intentar usar el humor con los niños con el fin de que cooperaran sin necesidad de gritar (¡Más diversión para ellos y para mí!)	•Funcionó y creo que esta podría convertirse en mi estrategia para obtener más logros futuros

Ley	Descripción	Progreso	Resultados
7 Hice que mi cooperación fuera mayor que mi estatus al:	•Multiplicar los resultados a través del trabajo en equipo •Sacar el ego del camino •Escuchar con total atención a los demás	•Le pregunté a Juan qué esfuerzo ex-tra y Juan me agradeció que le preguntara que lo sabía (me sorprendió que el asunto fuera más simple de lo que yo creía)	Ahorré mucho necesita en lugar de asumir que lo había pregun-tado eso antes! Se sintió mucho mejor después de ese día
8 Hice que mi confianza fuera mayor que mi comodidad al:	•Tomar el riesgo de adquirir una nueva capacidad •Enfrentar mis miedos •Eliminar las excusas	•Le pedí a Pat que saliéramos a bailar •¡Cabalgué para arriba y para abajo en una montaña!	•¡Su respuesta fue que sí! La pasamos muy bien. Estaba nervioso sin fundamento •El paseo fue muy agradable y será más fácil la próxima vez
9 Hice que mi propósito fuera más importante que el dinero al:	•Anteponer mis valores al dinero •Ver el dinero como un medio para un fin mayor	•Dejé pasar la oportunidad de trabajar como docente	•Me sentí muy bien con respecto a no cambiar mi libertad por seguridad a corto plazo. Estoy seguro de que haré que las cosas funcionen

Ley	Descripción	Progreso	Resultados
10 Hice que mis preguntas fueran más importantes que mis respuestas al:	•Hacer preguntas que expandan la mente •Aceptar lo desconocido como un lugar donde se encuentra todo el crecimiento posible	•Me pregunté hacia dónde quiero ir ahora con mi negocio	•¡Su respuesta fue que sí! La pasamos muy bien. Estaba nervioso sin fundamento •El paseo fue muy agradable y será más fácil la próxima vez

Medidor de crecimiento para completar:

Semana, mes, etc	Ley	Descripción	Fecha inicio	Progreso	Fecha final	Resultados
1						
2						
3						

	Ley	Descripción	Progreso	Resultados
4				
5				
6				

	Ley	Descripción	Progreso	Resultados
7				
8				
6				

10 Ley	Descripción	Progreso	Resultados

Agradecimientos

Al igual que en la primera edición, hay muchas personas maravillosas y talentosas sin las cuales esta segunda edición no hubiera sido una realidad. Quisiéramos extenderles nuestra más profunda gratitud a: Steve Piersanti, sin cuya clara visión y dirección este proyecto no se hubiera realizado. Al comité editorial de Berrett-Koehler, por darnos esta oportunidad de actualizar y mejorar esta edición. A Joe Polish, Mary Anne Ehlert, Lisa Pijuan-Nomura, Matthew Passmore, Gaynor Rig- por, Todor Kobakov, Chad Johnson, Tony y Mary Miller, Clifford Shearing, Ruth Samuelson, Jonathan B. Smith, Babs Smith, Bryson MacDonald, Fidel Reichse, Jon y Rebecca Singer, y a Tommy Sherwood, por su gentileza al permitirnos usar sus experiencias de vida para ilustrar las leyes. Solo deseamos tener espacio para contar más historias increíbles, porque cada uno de ustedes podría ser el tema de un libro sobre el crecimiento. A Antonio Pijuan y a Dan Taylor, a quienes, tristemente, el mundo perdió en el tiempo transcurrido entre la primera edición y este escrito; los extrañamos y esperamos que estén felices de ver sus historias en vivo en esta edición mientras continúan viviendo en nuestros corazones y en nuestra mente. A Jeevan Sivasubramaniam y su equipo original de revisores –Amy Yu, Kathleen Epperson, Ann Matranga, Paul Wright y Eileen Hammer– por ayudar a este libro a encontrar su forma y su corazón. A los revisores actuales, Don Schatz, Carol Cartaino y Kathy Scheiern, por sus útiles sugerencias con respecto a esta nueva edición. A Babs Smith, por su amor, apoyo y sabiduría, y por ver el potencial de crecimiento en nosotros; por crear constantemente las condiciones para que juntos podamos hacer lo mejor en el mundo. A Paul Hamilton, por usar sus poderes mágicos para ayudarnos a recopilar historias y a reunir todas y cada una de las piezas de engranaje. A Cathy Davis, por ser la asistente de herramientas. A Chrisine Nishino, Shannon Waller, Julia Waller y Marilyn Waller, Kory Simpson, Serafina Pupillo, Hamish MacDonald y Jonelle Burke, por su gran apoyo moral y de todo tipo a través del proceso de estas revisiones. Y al equipo increíblemente profesional y talentoso de Berrett-Koehler, con el cual siempre es un placer trabajar en todos los sentidos.

Sobre los autores

Dan Sullivan

Dan Sullivan es conocido a nivel mundial como un innovador y visionario cuyas ideas han establecido el estándar para otros en la industria del coaching empresarial. Durante más de 35 años, se ha enfocado en entrenar emprendedores exitosos —en ayudarles a transformar sus vidas y sus negocios, y en mostrarles cómo alcanzar niveles de éxito cada vez mayores, tanto en lo personal como a nivel profesional.

Es cofundador y presidente de Strategic Coach Inc. Como principal fuerza creativa detrás de la evolución del Strategic Coach Programme, y coach del Programa 10X Ambition, Dan innova constantemente creando herramientas y estructuras prácticas y poderosas para brindarles a sus clientes mayor confianza, claridad, capacidad, dirección y concentración a medida que persiguen sus objetivos.

Dan entrena a más de 1.000 empresarios cada trimestre y lee numerosos libros y artículos de las principales fuentes en línea que abarcan temas desde la Historia y la tecnología hasta la cultura pop y las ciencias sociales. Esta infusión constante de nuevas ideas le proporciona una perspectiva global única y en evolución sobre cuestiones relacionadas con el crecimiento empresarial y personal.

Como orador y presentador muy solicitado, Dan es conocido por ser a veces "refrescantemente indignante" y siempre provocador. Está casado con Babs Smith, su socia en los negocios y en la vida. Residen en Toronto.

Catherine Nomura

Catherine Nomura experimentó un interés apasionado con respecto al tema del crecimiento estando en las selvas tropicales de Borneo en 1991. Su encuentro con una tribu indígena cuya existencia tradicional estaba siendo amenazada por la tala y la minería a cielo abierto inspiró en ella el poderoso deseo de querer descubrir cómo hacer para que las personas puedan tener un mayor control sobre su propio futuro y crecer de tal manera que honren sus valores, experiencias únicas, habilidades y también su conocimiento.

Mientras completaba una maestría en estudios de desarrollo, Catherine comenzó a observar que el espíritu empresarial es un medio de autodeterminación con el potencial para ofrecer muchas oportunidades y para lograr una mejor calidad de vida sin sacrificar los valores esenciales y los lazos comunitarios. Después de completar un MBA y trabajar y estudiar con organizaciones que ayudan a las personas en el mundo en desarrollo a tener un futuro más grande a través de la iniciativa empresarial, se sintió atraída por las ideas y herramientas excepcionales y poderosas de Dan Sullivan, así que se unió a Strategic Coach en 1998 con el deseo de ayudar a que estos conceptos encuentren una audiencia más amplia.

Durante los últimos 18 años, Catherine ha ayudado a Strategic Coach a encontrar y a darles forma a numerosas oportunidades de crecimiento. Ella es coautora de los libros *Unique Ability: Creating the Life You Want y Unique Ability 2.0* junto con Julia Waller y Shannon Waller. Fuera de Strategic Coach, ha sido consultora de emprendedores de todo el mundo, ayudándoles a convertir sus visiones crecientes en realidades. Es cofundadora de kountable, una empresa tecnológica que les ofrece soluciones de financiación innovadoras a empresarios de economías emergentes. Todavía aprendiendo de los bosques, Catherine vive al lado de Muir Woods, cerca de San Francisco, California.